京华通览
历史文化名城
主编／段柄仁

北京的桥

吴云起／编著

北京出版集团公司
北京出版社

图书在版编目（CIP）数据

北京的桥 / 吴云起编著. —— 北京：北京出版社，2018.3
（京华通览）
ISBN 978-7-200-13449-0

Ⅰ. ①北… Ⅱ. ①吴… Ⅲ. ①古建筑—桥—介绍—北京 Ⅳ. ①K928.78

中国版本图书馆CIP数据核字（2017）第267103号

出 版 人　曲　仲
策　　划　安　东　于　虹
项目统筹　董拯民　孙　菁
责任编辑　白　珍　王小青
封面设计　田　晗
版式设计　云伊若水
责任印制　燕雨萌

《京华通览》丛书在出版过程中，使用了部分出版物及网站的图片资料，在此谨向有关资料的提供者致以衷心的感谢。因部分图片的作者难以联系，敬请本丛书所用图片的版权所有者与北京出版集团公司联系。

北京的桥
BEIJING DE QIAO

吴云起　编著

*

北京出版集团公司
北京出版社　出版
（北京北三环中路6号）
邮政编码：100120

网　址：www.bph.com.cn
北京出版集团公司总发行
新 华 书 店 经 销
天津画中画印刷有限公司印刷

*

880毫米×1230毫米　32开本　7.875印张　157千字
2018年3月第1版　2022年11月第3次印刷
ISBN 978-7-200-13449-0
定价：45.00元

如有印装质量问题，由本社负责调换
质量监督电话：010-58572393

《京华通览》编纂委员会

主　任　段柄仁
副主任　陈　玲　曲　仲
成　员　(按姓氏笔画排序)
　　　　于　虹　王来水　安　东　运子微
　　　　杨良志　张恒彬　周　浩　侯宏兴
主　编　段柄仁
副主编　谭烈飞

《京华通览》编辑部

主　任　安　东
副主任　于　虹　董拯民
成　员　(按姓氏笔画排序)
　　　　王　岩　白　珍　孙　菁　李更鑫
　　　　潘惠楼

序

PREFACE

擦亮北京"金名片"

段柄仁

北京是中华民族的一张"金名片"。"金"在何处？可以用四句话描述：历史悠久、山河壮美、文化璀璨、地位独特。

展开一点说，这个区域在 70 万年前就有远古人类生存聚集，是一处人类发祥之地。据考古发掘，在房山区周口店一带，出土远古居民的头盖骨，被定名为"北京人"。这个区域也是人类都市文明发育较早，影响广泛深远之地。据历史记载，早在 3000 年前，就形成了燕、蓟两个方国之都，之后又多次作为诸侯国都、割据势力之都；元代作为全国政治中心，修筑了雄伟壮丽、举世瞩目的元大都；明代以此为基础进行了改造重建，形成了今天北京城的大格局；清代仍以此为首都。北京作为大都会，其文明引领全国，影响世界，被国外专家称为"世界奇观""在地球表面上，人类最伟大的个体工程"。

北京人文的久远历史，生生不息的发展，与其山河壮美、宜生宜长的自然环境紧密相连。她坐落在华北大平原北缘，"左环沧海，右拥太行，南襟河济，北枕居庸""龙蟠虎踞，形势雄伟，南控江淮，北连朔漠"。是我国三大地理单元——华北大平原、东北大平原、蒙古高原的交汇之处，是南北通衢的纽带，东西连接的龙头，东北亚环渤海地区的中心。这块得天独厚的地域，不仅极具区位优势，而且环境宜人，气候温和，四季分明。在高山峻岭之下，有广阔的丘陵、缓坡和平川沃土，永定河、潮白河、拒马河、温榆河和蓟运河五大水系纵横交错，如血脉遍布大地，使其顺理成章地成为人类祖居、中华帝都、中华人民共和国首都。

这块风水宝地和久远的人文历史，催生并积聚了令人垂羡的灿烂文化。文物古迹星罗棋布，不少是人类文明的顶尖之作，已有1000余项被确定为文物保护单位。周口店遗址、明清皇宫、八达岭长城、天坛、颐和园、明清帝王陵和大运河被列入世界文化遗产名录，60余项被列为全国重点文物保护单位，220余项被列为市级文物保护单位，40片历史文化街区，加上环绕城市核心区的大运河文化带、长城文化带、西山永定河文化带和诸多的历史建筑、名镇名村、非物质文化遗产，以及数万种留存至今的历史典籍、志鉴档册、文物文化资料，《红楼梦》、"京剧"等文学艺术明珠，早已成为传承历史文明、启迪人们智慧、滋养人们心灵的瑰宝。

中华人民共和国成立后，北京发生了深刻的变化。作为国家首都的独特地位，使这座古老的城市，成为全国现代化建设的领头雁。新的《北京城市总体规划（2016年—2035年）》的制定和中共中央、国务院的批复，确定了北京是全国政治中心、文化中心、国际交往中心、科技创新中心的性质和建设国际一流的和谐宜居之都的目标，大大增加了这块"金名片"的含金量。

伴随国际局势的深刻变化，世界经济重心已逐步向亚太地区转移，而亚太地区发展最快的是东北亚的环渤海地区、这块地区的京津冀地区，而北京正是这个地区的核心，建设以北京为核心的世界级城市群，已被列入实现"两个一百年"奋斗目标、中国梦的国家战略。这就又把北京推向了中国特色社会主义新时代谱写现代化新征程壮丽篇章的引领示范地位，也预示了这块热土必将更加辉煌的前景。

北京这张"金名片"，如何精心保护，细心擦拭，全面展示其风貌，尽力挖掘其能量，使之永续发展，永放光彩并更加明亮？这是摆在北京人面前的一项历史性使命，一项应自觉承担且不可替代的职责，需要做整体性、多方面的努力。但保护、擦拭、展示、挖掘的前提是对它的全面认识，只有认识，才会珍惜，才能热爱，才可能尽心尽力、尽职尽责，创造性完成这项释能放光的事业。而解决认识问题，必须做大量的基础文化建设和知识普及工作。近些年北京市有关部门在这方面做了大量工作，先后出版了《北京通史》（10卷本）、《北京百科全书》（20卷本），各类志书近900种，以及多种年鉴、专著和资料汇编，等等，为擦亮北京这张"金名片"做了可贵的基础性贡献。但是这些著述，大多是服务于专业单位、党政领导部门和教学科研人员。如何使其承载的知识进一步普及化、大众化，出版面向更大范围的群众的读物，是当前急需弥补的弱项。为此我们启动了《京华通览》系列丛书的编写，采取简约、通俗、方便阅读的方法，从有关北京历史文化的大量书籍资料中，特别是卷帙浩繁的地方志书中，精选当前广大群众需要的知识，尽可能满足北京人以及关注北京的国内外朋友进一步了解北京的历史与现状、性质与功能、特点与亮点的需求，以达到"知北京、爱北京，合力共建美好北京"的目的。

这套丛书的内容紧紧围绕北京是全国的政治、文化、国际交往和科技创新四个中心，涵盖北京的自然环境、经济、政治、文化、社会等各方面的知识，但重点是北京的深厚灿烂的文化。突出安排了"历史文化名城""西山永定河文化带""大运河文化带""长城文化带"四个系列内容。资料大部分是取自新编北京志并进行压缩、修订、补充、改编。也有从已出版的北京历史文化读物中优选改编和针对一些重要内容弥补缺失而专门组织的创作。作品的作者大多是在北京志书编纂中捉刀实干的骨干人物和在北京史志领域著述颇丰的知名专家。尹钧科、谭烈飞、吴文涛、张宝章、郗志群、姚安、马建农、王之鸿等，都有作品奉献。从这个意义上说，这套丛书中，不少作品也可称"大家小书"。

总之，擦亮北京"金名片"，就是使蕴藏于文明古都丰富多彩的优秀历史文化活起来，充满时代精神和首都特色的社会主义创新文化强起来，进一步展现其真善美，释放其精气神，提高其含金量。

2017 年 11 月

目录

CONTENTS

概　述 / 1

跨河桥

跨永定河水系的桥 / 5

卢沟桥 / 5

二老庄桥 / 14

小清河桥 / 15

王佐桥 / 17

哑叭河桥 / 18

京原漫水桥 / 20

卢沟新桥 / 21

小清河新桥 / 22

大宁桥 / 24

永定河桥 / 24

跨通惠河水系的桥 / 25

  高梁桥 / 25

  北海大桥 / 28

  金水桥 / 34

  德胜门篦桥 / 38

  大通桥 / 41

  永通桥 / 42

  左安门篦桥 / 50

  右安门篦桥 / 52

  永定门篦桥 / 55

  广安门篦桥 / 59

  喜凤桥 / 63

  东大桥 / 65

  红桥 / 66

  双桥 / 67

  五孔桥 / 70

  木樨地桥 / 73

  汇通桥 / 76

  通惠河桥 / 78

  旧鼓楼桥 / 81

  新安河桥 / 83

  广渠门桥 / 85

  朱各庄桥 / 87

  亚疗桥 / 90

  京密引水渠下游段桥梁 / 91

  温泉桥 / 95

  红山口桥 / 96

霍道口桥 / 98

八一湖桥 / 99

劲松桥 / 100

周家巷桥 / 101

跨凉水河水系的桥 / 103

大红门桥 / 103

珊瑚桥 / 104

洋桥 / 106

凉水河桥 / 109

大红门西桥 / 112

三义庵桥 / 113

什坊院桥 / 114

跨坝河水系的桥 / 116

北小河桥 / 116

酒仙桥 / 119

三岔河桥 / 121

亮马河桥 / 123

新东路桥 / 125

新源桥 / 126

塔园西桥 / 127

小月河上游段桥梁 / 128

健安三座桥 / 129

樱花东、西桥 / 131

跨清河水系的桥 / 134

玉泉山东桥 / 134

景陵桥 / 135

广济桥 / 137

肖家河桥 / 139

虹桥 / 140

清河大桥 / 141

沙子营桥 / 144

立水新桥 / 145

道路立交桥

二环路上的立交桥 / 148

朝阳门桥 / 148

建国门桥 / 149

东便门桥 / 151

广渠门桥 / 154

光明桥 / 157

左安门桥 / 159

菜户营桥 / 160

玉蜓桥 / 161

广安门桥 / 166

天宁寺桥 / 166

西便门桥 / 167

复兴门桥 / 168

阜成门桥 / 170

西直门桥 / 171

西直门北桥 / 175

积水潭桥 / 176

三环路上的立交桥 / 177

三元桥 / 177

国贸高架桥 / 180

北密桥 / 181

十里河桥 / 183

分钟寺桥 / 183

方庄桥 / 185

东铁营桥 / 186

刘家窑桥 / 187

赵公口桥 / 188

木樨园桥 / 189

六里桥 / 190

莲花桥 / 193

玉南桥 / 193

航天桥 / 194

紫竹桥 / 195

三义庙桥 / 195

蓟门桥 / 196

马甸桥 / 198

安华桥 / 199

安贞桥 / 200

太阳宫桥 / 201

四环路上的立交桥 / 202

四元桥 / 202

四惠桥 / 203

大红门桥 / 204

岳各庄桥 / 204

定慧桥 / 205

万泉河桥 / 205

健翔桥 / 206

北辰桥（北中轴路桥）/ 207

安慧桥 / 208

五环路上的立交桥 / 211

远通桥 / 211

五方桥 / 212

来广营桥 / 213

上清桥 / 213

六环路上的立交桥 / 214

马驹桥 / 214

百葛桥 / 214

酸枣岭桥 / 215

跨铁路桥及天桥

跨铁路桥 / 217

南苑路跨线桥 / 222

京原一号跨线桥 / 223

京原二号跨线桥 / 224

南平庄跨线桥 / 225

赵辛店跨线桥 / 226

人行过街天桥 / 228

西单商场天桥 / 228

动物园东、西天桥 / 229

东单北天桥 / 230

新街口西天桥 / 230

南新华街（琉璃厂）天桥 / 231

刘家窑北天桥 / 232

蒲安里天桥 / 232

后　记 / 235

概　述

北京城市桥梁有记载最早的是金中都城会城门桥，现已无完整的实物。现存于地上的最早的桥梁是明昌三年(1192年)建成的卢沟桥。发现埋于地下最早的桥梁是元代所建的万宁桥(俗称地安门桥)。

元代还建有高梁桥、金鳌玉蝀桥、立水桥等石拱桥或石板桥。明代在承天门前建金水桥3座，后改成5座。北京建成外城以后，于嘉靖三十二年(1553年)在城门外护城河上修建多座桥，还建有大通桥、永通桥、喜凤桥、甘雨桥等多座石桥。

清代在去圆明园的路上建有成府桥等。乾隆二年(1737年)建乐道庄桥，重修东大桥为5孔石桥。跨河桥多为石板桥或石拱桥。民国时期，1925年在和平门外护城河上建一座木桥。以后在新辟的路线上多数建木桥，如开辟启明门、长安门(后改称建国门、复兴门)外护城河上均修建成木桥。

1939年至1942年，日本侵占北京时，修建了木樨地、二老庄等混凝土桥。截至1948年底，北京实有城市桥梁共105座。城区的桥多为石桥，跨护城河的桥仅宽5～8米，石板桥面磨损，坎坷不平。木板桥面，损坏严重，失修失养，造成通行不便。

1949年中华人民共和国成立后，桥梁建设随规划城区的扩大、社会经济的发展而发展。1953年至1959年的7年间，城市桥梁达328座。1976年至1985年的两个五年计划期间，在城区主要建设了二环路的北半环（自复兴门经西直门、东直门至建国门段），在路段上修建了阜成门、西直门、德胜门、安定门、东直门、东四十条、朝阳门、建国门等8座立交，使二环路北半环与崇文门东大街、前三门大街形成一个道路环；建设了三环路的西南半环（自木樨园经公主坟至白颐路口），使三环路全线贯通；并在北三环路段上修建了三元桥、安贞桥、马甸桥、蓟门桥、六里桥等立交；打通了马家堡路，将马家堡、夕照寺、东管头道路与铁路的平交建成立交。

不同建设时期建设的桥梁设计荷载等级不一。20世纪50年代，桥梁的设计荷载多为汽-8级、汽-10级；60年代，提高至汽-15级；80年代，提高至汽-20级，后期主干线提高至汽超-20级，以适应交通的发展。

随着城市建设的发展，城市桥梁数量不断增加，到1990年各种桥梁共计有437座，其中跨河桥梁357座。这些桥梁分别跨越永定河水系、通惠河水系、凉水河水系、坝河水系、清河水系及其他河渠。另外还有因年代久远及河渠改道等原因埋入地下的石桥，已知的有13座。跨河桥主要有石桥（石拱桥、石板桥）、木桥及钢筋混凝土桥等类型。截至2010年底，城区内市管跨河桥365座，其中立交桥系109座，独立跨河桥256座。

北京最早的人行过街天桥是位于西单北大街的西单商场人行过街天桥。1990年底，全市有人行过街天桥32座。2010年，三环路内人行过街天桥有188座。

跨河桥

北京的建城史依商周遗址考证至今已有3000多年。有记载最早的跨河桥梁是金中都城的会城门桥，现已无完整的实物。在1939年以前，道路干线跨越河流主要依靠古代石桥。1939年开始在新辟路线上修建木桥，此后也曾修建过几座小型钢筋混凝土桥。到1949年，北京实有各种桥梁共计105座。中华人民共和国成立后，由于当时尚处于经济恢复时期和发展初期，桥梁建设仍以木桥为主，以后逐渐转向修建钢筋混凝土桥梁。1953年，在机场路上建成了跨温榆河的苇沟大桥，这是中华人民共和国成立后北京修建的第一座钢筋混凝土大桥，1957年在卢沟桥以西修建了第一座预应力钢筋混凝土桥——哑叭河桥。

跨永定河水系的桥

卢沟桥

卢沟桥位于北京城西南方，距今广安门桥12.5公里，在宛平城（拱极城）西门外，跨于永定河（古称卢沟河）上，故随河名称卢沟桥。

该桥是一座11孔连拱石桥，始建于金大定二十九年（1189年），建成于金明昌三年（1192年）三月。石桥主体长212.75米，全长（包括桥堍）268米，桥宽9.4米，全部为石结构。北侧石栏杆有望柱141根，其中桥身上有望柱109根（含角柱），两端八字栏杆望柱各为16根；南侧石栏杆望柱为140根，其中桥身上有109根望柱，西端八字栏杆望柱为16根，而东端八字栏杆望柱为15根。栏杆全部用青石雕凿而成，栏板上薄下厚，上面为平顶八字寻杖，内侧雕有云拱瘿项（凹心不镂空）和盆唇，下部有上下枋、立柱和海棠池雕线，两端与望柱相接。望柱方形，下端插入地栿，两端与栏板对接，柱头有方形狮座，雕有不同形态的狮子。栏杆东头有一对顶狮，栏杆西头有一对顶象。桥面为花岗岩石板铺砌，桥面纵坡0.8%，东西桥堍纵坡分别为5.4%、

4.5%。11 孔拱碹均为半圆拱，10 个桥墩的上游都有高大的分水雁（俗称分水尖），其下游是方形凤凰台。桥台有燕翅，燕翅上有八字翼墙。桥下有石砌海墁，上下游均伸出桥外。桥两端各有一对华表，东桥堍北侧有两通碑：一通是清康熙皇帝书写的关于石桥东北水毁及修复简记 [康熙八年（1669 年）十一月二十七日]；另一通为清乾隆皇帝书写的《卢沟晓月碑》。西桥堍北侧也有两通碑：一是清乾隆书写的《重葺卢沟桥记》[乾隆五十一年（1786 年）岁在丙午仲春之月中浣御笔]，另一通是《乾隆诗碑》。上下游两岸都有条形石板砌筑和石灰土筑成的堤岸。

桥东有镇守卢沟桥的拱极城，该城在民国时期曾是宛平县政府所在地，城内有石板道与桥头相接。桥西头也曾有石板道通过小清河和哑叭河，在 20 世纪初修建小清河桥时将石板道截断。在金代历史资料中有建桥记载，《金史·河渠志》记述，大定二十八年（1188 年）五月诏卢沟河使旅往来之津要，令建石桥，未行而世宗崩。大定二十九年（1189 年）六月章宗以涉者病河流湍急，诏命造舟，既而更命建石桥。明昌三年（1192 年）三月成，敕命名曰广利。还有《章宗纪》载："大定二十九年六月作卢沟石桥。明昌三年三月癸未卢沟桥成。"

1949 年以前历代都对卢沟桥进行过修葺。明代历史资料《英宗实录》中，就有"正统九年三月修卢沟桥"的记载。

清康熙七年（1668 年）和乾隆五十年（1785 年）卢沟桥有过大规模的修葺，两次修桥在桥头都立有碑记。

在 20 世纪 20 年代和 30 年代初修过碑亭、栏杆、桥面、堤岸和碹脸。

桥东西两端各有两通碑，都曾有碑亭，碑亭的顶为盔式四坡瓦顶。而"康熙碑"的亭顶是四坡瓦顶。因年久失修已有危险，于是将"卢沟晓月"碑和"乾隆诗"碑改成无顶框架式碑亭，另两座碑亭拆去未建。拆改碑亭的年代约在1935年至1936年间。

桥面石板因常年行车碾压，车辙逐年加深，沟坎不平，从前常垫以砂石土维持通行，后来改铺沥青混凝土面层。又因当时多有铁轮马车过桥，为保护面层，在石桥面上靠南侧加铺一层薄花岗岩石板将旧石板面就地粗加工找平，宽2米，长213米，专供马车通行，东桥堍未铺沥青混凝土。西桥堍至小清河桥头修筑弹石（小方块花岗石）路面。

桥的栏杆有部分望柱和栏板因风化或开裂严重，曾予以更换，民国时期更换的这些石件雕刻较粗，石料呈黑色，现今尚存17根望柱。其更换时间与桥面铺沥青混凝土同年代。

《卢沟晓月》图（明代）

东桥台燕翅及其以外堤岸曾不止一次做过加固，多用水泥砂浆和大卵石在原构筑物外面又做包砌。堤岸也曾加高。

1935 年照片中的碴脸已有水泥抹面。20 世纪 20 年代曾修过碴脸，那时碴脸石有很多已脱皮。1950 年，22 面碴脸和拱眉都用水泥砂浆抹面，盖住了旧石面。在 1986 年的修复工程中拆去碴脸外面的水泥抹面时，发现在东起第三孔南面有一段用青砖补修过的碴脸下边旧碴脸石上凿有"中华民国壬戌年五月"字样。又在东起第五孔南面碴脸的东下脚水泥抹面上刻有"民国廿二年春"六个字。

日本帝国主义侵华时期，伪华北建设总署曾修补过桥面沥青混凝土面层和东桥台两侧的护岸。

中华人民共和国成立后，1950 年以前卢沟桥属河北省管辖，从 1950 年 9 月起纳入北京市桥梁养护范围。除日常保洁、养护和管理外曾做过如下修理工程：

碑亭柱修复　"卢沟晓月"碑亭在 1937 年七七事变时遭到

七七事变前夕的卢沟桥

损坏。1950年9月政务院接人民来信建议修"卢沟晓月"碑亭,来信转交北京市人民政府办理,市政府要求建设局在国庆节前修完。在北京文物整理委员会的帮助下,经研究拟订了修复方案。当时碑亭损坏情况是:西北角石柱断裂未倒,西南角石柱折断倒塌,西面和南面石坊塌落稍有损伤,西面栏板平放,其他部位基本完整。修复工程限于资金缺乏和石料不理想,经请示市政府同意暂缓进行,只做旧件复位处理。1956年4月,市政府又要求道路工程局(原建设局)彻底修复"卢沟晓月"碑亭。其中断裂的两根石柱需要用断面长、宽各0.5米,柱长4米的汉白玉石料,为此曾找遍近郊30多处坟地的石碑和石坊,只有西郊李家坟和北苑祠堂有两通碑够此尺寸,石质和颜色也相近似。经北京市文物组和北京文物整理委员会商讨认为这两通碑都有保留价值,不宜使用,而由市政府拨款于1956年9月下旬用新石料将碑亭修复。

"卢沟晓月"碑亭(20世纪80年代重修)

1950年9月在修葺碑亭的同时,将全桥积土和杂草、小树进行了清理,经过清理的古石桥显得有了生气。1952年10月,南侧靠近东段四个节间的栏杆被撞倒落入水中,经捞起检查有两根望柱狮雕损坏。因辨认不清石狮身上是否还有小狮，于是就照其大致形态按一柱狮雕刻了两件，依旧修复。1957年9月中旬至10月下旬和1958年4月上旬至6月中旬，两次对全桥石缝进行清理，并用水泥砂浆将其勾严。同时将局部碴脸和拱碴缺损处用红机砖予以填补，外面抹水泥砂浆。

桥面加宽工程 1967年9月开工，1968年12月竣工。当时桥上车道宽7.1米，已不能满足日益发展的交通需要，但又因资金缺乏，无力修建新桥，不得不将古石桥桥面加宽，以增大桥面的通行能力。工程做法是先将栏板和望柱拆卸待用，再将地栿全部拆除，还拆除了桥面两侧的缘石。又将旧桥面石板凿出57道横向沟槽，在槽内放置预制钢筋混凝土矩形梁，梁两侧空隙用混凝土填平，梁端挑出石桥两侧，外悬梁上铺钢筋混凝土板为人行道。全部地栿改用混凝土筑成，其上安装旧石栏杆。栏杆两端的顶狮

卢沟桥拦河闸

和顶象原封不动。因桥面加宽，使栏杆的总长度有所减短，为适应加宽后的栏杆长度，又要保持原有栏杆的节间数，新做了8块较短的栏杆。桥面加宽后四角的八字栏杆减短了，东南角八字栏杆望柱由原来的15根改成12根（不含角柱），其他三处八字栏杆望柱均由原来的16根改成13根（均不含角柱）。南北两侧两个角柱之间的望柱（包括角柱）由原来的109根均改115根。北侧的望柱总数仍为141根，南侧的望柱总数仍为140根，桥面面层仍以沥青混凝土补平。同时，将桥头路面加高与桥面接顺。桥面加宽后全宽达到13.6米，其中车行道宽9.5米，两侧人行道各宽1.4米，地栿各宽0.65米。施工中将栏杆中风化损坏较严重的望柱予以更新，共更换望柱91根，其中有1只狮子的柱34根，两只狮子的柱43根，3只狮子的柱12根，4只狮子的柱2根。为了保持原有柱头狮子的总数不变，事先清点了全部柱头狮子，认为至少有狮子480只，另有11只难以准确辨认。经研究决定望柱更新后柱头狮子总数不少于484只。此次加宽工程中损失了全部旧地栿石和拆下来的旧缘石、旧桥面石。

碹脸维修 碹脸外面的水泥抹面因年久逐渐有零星脱落，1970年发现东起第九、第十两孔南面碹脸上露出用青砖补修过的痕迹，外层砖已风化，曾拟用石料翻修，因无投资未能实施。到1972年，部分青砖因风化已开始脱落，于当年4月间将东起第九、第十两孔南面碹脸上补修的青砖凿除。发现第九孔用砖补修的位置是龙门石和西边相邻的一块碹脸石，以及其上的少量拱眉，第十孔用砖补修的位置是龙门西侧第一块碹脸石和东侧第三块碹脸石的上端约三分之一处。所用砖材都是手工青砖，结合料为纯石灰。清除砖砌体后用花岗岩方形石块补齐。纵联石（俗称丁头石）端部有裂缝，因尚较稳定，故未做处理，补修后仍抹以水泥面层，以求与其他碹脸一致。

拱碹修补 1982年10月，东起第五孔南面碹脸上的龙头脱落。此后对全桥进行检查，发现各孔中的碹石局部缺损已发展到40多块，其中以第五孔损坏较重，有些碹石已裂缝尚未脱落。还发现第五孔南面碹脸的水泥抹面有空鼓现象，遂敲开面层，露出内部有用青砖补修处。1983年4月间对11孔的拱碹中凡有开裂和缺损的碹石进行了补修。同时对第五孔脱落的龙头及碹脸进行修复。全桥11孔碹石都有少数碹石的一端出现斜向裂缝和损缺处，脱落的石块呈楔状，其缺损深度达20～30厘米。补修方法是用与碹石同石质的花岗岩石料，按缺损的形状加工成石件。将石件装入槽内用钢板嵌紧，缝内压入水泥浆，外露缝用水泥砂浆抹平。此次共计补修碹石51块。第五孔碹脸上龙头脱落的原因是由于龙头东侧的纵联石端部与其相接的碹脸石上端风化开裂所致，又因其外面被水泥抹面覆盖而难以发现，故突然脱落。龙头的雕刻造型与北面第六、第七孔碹脸上的龙头略有差别。龙头脱落后露出拱碹以上的空洞，洞深3米以上，洞高约15厘米，两侧未探查到边。这次修理属临时性修葺，先用混凝土填充拱上空洞，共填入混凝土近1立方米，再用花岗岩石料修补了碹脸石的损坏部位和纵联石，然后按原位装上龙头。青砖补修处将其外面的风化层清除后，用水泥砂浆抹齐全部水泥面层。

1983年拱碹修补后，有关部门感到卢沟桥损坏情况日趋严重，有必要进行石桥的整体修复。于是将卢沟桥现状向北京市有关领导做了汇报。领导及文物专家经查看现场、认真研究后由市政府组织成立了卢沟桥修复委员会，确定修复工程方案。卢沟桥修复以保护古桥风貌为基本原则，尊重历代修葺的历史，凡属基本完整的石件，均原件原位利用，必须更换时，新石件要使用与原件石料相同的优质石料，制作加工雕刻要依照同类石件的精度、风格和神态，以恢复石桥原貌。工程范围主要包括：拆除桥面加宽加高部分，拆除桥上的电灯杆和电缆；将石栏杆按1967年以前的位置恢复，恢复原石板桥面；恢复桥头至宛平城西门的石板道；拆除桥西南角靠近桥栏杆的平房，将桥东头遮挡桥栏杆的防洪墙向东移建，以便能使古桥全貌在其上下游可以看到，修复全桥碹脸为石碹脸原貌；用石料更换桥墩下游凤凰台上的混凝土补修部位，探查石桥基础情况，进行保持处理和必要的加固措施等七个方面。

修复工程施工中，最困难的事是寻找青石料源，既要找同类优质石料，又要找便于运输的石料开采场，最后选定下石府东山石料。桥面用花岗岩，则是房山县东流水村所产。

修复工程由市市政工程管理处负责组织施工，石工来自房山县石窝村。为了保证修复工程顺利进行，达到恢复旧时风貌的预期效果，开工前查阅了大量历史资料并实地进行勘察、测量和试验工作,取得了古桥宝贵资料。修复工程于1986年12月5日开工，1987年6月30日完成，剩余碹脸修复工程于1990年2月9日开工,12月20日竣工。修复后的卢沟桥恢复了古朴壮观的原有风貌,不再是通行车辆的交通设施,而作为文物古迹专供游览观光。

二老庄桥

二老庄桥位于云岗路上,跨蟒牛河,在二老庄村东,桥东属朱家坟村,所以亦称朱家坟桥。

此桥始建于明代,当时为3孔或5孔石拱桥(因年久河床淤积,桥孔被淤塞,对其孔数说法不一)。清代改建成一座5孔石板桥,桥头曾有康熙年间重修石桥碑。

1940年,日本帝国主义侵华时期建成一座斜形3孔混凝土拱桥(俗称洋灰桥)。桥长(栏杆长)23米,桥面净宽(栏杆以里桥面垂直宽)4.6米。

1957年,在桥的北边新建一座3孔钢筋混凝土梁式桥。该工程由市市政设计院设计,市第三道路工程公司施工。1957年3月开工,当年8月竣工。桥梁的上部结构为钢筋混凝土双悬臂T形变截面梁。桥面主体为整体浇注结构。桥墩构造为混凝土实体墩,桥台是在混凝土基础上用块石砌筑重力式U形台身和翼墙。桥下铺砌块石海墁。主梁的支承点为钢板支座,东桥墩上为固定支座,西桥墩上为活动支座,桥梁的设计荷载为汽-13级、拖-60级。新桥建成后旧桥未拆除,作为辅路桥使用,由市道路工程管理处管理养护。

小清河桥

小清河桥位于卢沟桥迤西 150 米处，属于卢沟桥路上的一座桥梁，因跨于小清河上而得名。

该桥始建于清朝光绪年间（1908 年以前），初建为钢桥，法国人设计，这是北京地区建成的第一座公路钢桥。全桥为 8 孔，上部结构为简支下承式钢桁架，桁内净宽 5.3 米，桥面为双层木板，桥台为花岗石砌成的重力式 U 形台身，混凝土基础，钢筋混凝土台帽和雉墙。桥墩为混凝土基础花岗石实体墩，钢筋混凝土墩帽。桥孔下铺砌混凝土海墁，其下游有混凝土跌水。

1934 年，由交通部公路局将每孔桁架下的两端各加设一对钢桁斜撑。1937 年七七事变中，东起第三孔钢桁架被炸毁，后用装配式钢桁梁修复。其桁内净宽 3.8 米。桥面为单层木板。因桥面较窄只能单车行驶，故在桥头设有起落板式信号（俗称洋旗），用人工控制车辆通行。

1950 年木桥面磨损严重，中央人民政府指令北京市人民政府修理。即由市建设局将全部桥面用厚木板予以更换，修理后车行道宽 3.15 米，两侧设人行道，各为 1 米宽，同时改桥头交通信号为红绿灯。从此该桥头由河北省管辖划归北京市建设局养护。

1958 年将桥梁的上部结构予以改建，由市市政工程设计院设计，市第二市政工程公司施工。将桥梁的钢桁架全部拆除，利用其下部构造，改成 8 孔二联连续钢筋混凝土变截面 T 形梁桥面。桥梁长 162 米，边孔的跨径各为 18.45 米，中间 6 孔的跨径均为

20.6米。桥宽10米,其中车行道宽为7米,两侧的人行道各宽1.5米(含栏杆)。桥梁的设计荷载为汽-18级、拖-80级。该工程于1958年3月开工,同年8月竣工通车,市道路工程管理处接管养护。在桥梁施工期间,将小清河桥两头的引道铺装成弹石路面。

1971年将该桥向南侧实施加宽工程,由市市政设计院设计,市第二市政工程公司施工。加宽部分的孔数和跨径与原桥相同。上部结构采用的钢筋混凝土桁形拱,每孔为4道拱肋,拱肋上以竖杆支承上弦杆(纵向梁),组成桁形拱结构。梁上搭预制的钢筋混凝土微弯板,板上浇注钢筋网混凝土桥面面层,恢复其南侧的人行道和桥栏杆。桥台及桥墩相应向南侧接长,结构、厚度与原桥墩台相同。南侧加宽部分的设计荷载为汽-20级、挂-100级。加宽后的桥梁全宽为15.3米,其中车行道宽12米,南侧的人行道(含栏杆)宽1.8米,北侧的人行道(含栏杆)宽为1.5米。

1975年由市第二市政工程公司将该桥北半部连续钢筋混凝土变截面T形梁予以加固。加固的方法是加大横系梁断面并增加横系梁,使其承载能力达到挂-500级。加固工程于1975年7月开工,8月15日竣工。1976年2月29日载运乙烯工程设备,最重的一部挂车(总重400吨)通过此桥,对桥梁的测试结果均在验算值以内。1985年8月13日,又有大石河变电站运送大型变压器的6部车(每部车的总重为260吨)连续安全通过此桥。

王佐桥

王佐桥位于大灰厂路上，跨牤牛河，桥西即王佐村，依此命名为王佐桥。

该桥始建于清代，1953年5月市养路工程事务所将该桥进行改建。改建前是一座3孔石板梁桥，由于河床被砂石淤积，桥下净空不足0.5米。此次改建，将石桥全部拆除，利用旧桥的石板，建成一座5孔漫水石板涵洞。涵洞断面宽2.8米、高2米，孔洞长9米，涵上未做栏杆以防阻水。涵洞两端用块石各铺砌一段过水路面。1958年雨季，洪水将涵洞两端的过水路面冲断。同年9月，在涵洞的两端用直径1米的混凝土管各增建5孔管涵，仍为可漫水涵洞，并将涵洞以外的路堤边坡用石块加以护砌。

1980年在改善大灰厂道路工程中，将穿过河道的这段道路南移，筑起高路堤，同时建成一座5孔混凝土梁式桥。桥梁工程由市市政工程管理处设计并施工，桥面的高程和跨径是按照30年一遇的河水流量所设定。桥梁的上部构造为简支预应力混凝土空腹T形梁连续桥面结构体系，每孔7根预制T形梁，梁上浇注全桥连续钢筋网混凝土面层，两侧安装无地栿桥栏杆。桥台构造为U形混凝土重力式。桥墩为钢筋混凝土条形基础、钢筋混凝土柱式构造。桥梁支座全部采用橡胶板式支座。桥梁的设计荷载为汽-20级、挂-100级，桥长67.3米，跨径为12.05米。桥梁宽10.6米，桥梁面积为713.38平方米。工程于1980年3月开工，当年7月建成通车。新桥建成后，将涵洞全部拆除。

哑叭河桥

哑叭河桥位于小清河桥以西，跨哑叭河，两座桥仅一堤之隔，属于长辛店路上的桥梁，1958年9月由交通部公路工程总局组织工程验收时，命名为哑叭河桥。

此项桥梁工程是由交通部公路工程勘察设计院设计，由交通部第七公路工程局施工，1957年9月开工，同年12月建成通车。该桥是一座单孔预应力混凝土梁式桥，其上部结构为6片预制预应力钢筋混凝土T形梁，梁上浇注一层中间为12厘米、两边为8厘米厚的混凝土桥面面层。桥面两侧安装钢筋混凝土桥栏杆，于地栿的内侧立装一道防护缘石。下部的构造是在混凝土基础上砌筑料石重力式U形桥台，桥台前墙上浇注钢筋混凝土台帽和雉墙，桥梁支座均采用弧形面钢板支座。桥梁的设计荷载为汽-13级、拖-60级。桥梁长35.8米，跨径为22.24米。桥梁宽9米，车行道宽8米。桥梁面积为322平方米。

由于该桥是我国第一座预应力钢筋混凝土桥，属于试验性桥梁，工程竣工后，设计部门实施监测，结果完全符合设计中所预计的情况及要求。1958年9月，桥梁及其竣工资料移交给市道路管理处。

1969年7月，在道路加铺面层养护工程时，也将桥面加铺一层沥青混凝土面层。

由于交通量的逐年增大，9米宽的桥梁不适应交通的需要，因而经常出现阻车现象。

1970年10月，市市政设计院做出桥梁加宽工程设计，由市第二市政工程公司施工，将桥梁向南加宽，加宽部分的跨径与原桥梁跨径相同。其上部结构为3片预应力混凝土T形梁，下部构造是在混凝土基础上用块石砌筑重力式桥台和翼墙，桥台上浇注钢筋混凝土桥台帽和雉墙，桥梁支座与原桥梁的支座相同。加宽后，桥梁宽14米，桥梁的总面积为501平方米。桥梁加宽工程于1971年3月竣工。

东方红炼油厂增建的30万吨乙烯工程，计划在1976年年初运输300吨的乙二醇反应器经过哑叭河桥。为了保证运输的需要，1970年10月在向南加宽的同时将该桥又向北侧加宽，加宽部分的桥梁设计承载能力为挂−500级。桥面结构改为两简支预应力混凝土宽腹T形梁连续桥面体系，每孔3片预制T形梁，梁上按照连续桥面浇注钢筋网混凝土面层。新旧桥面之间为对接而无联结，加宽部分的桥墩为钢筋混凝土扩大基础3柱式构造，桥台和翼墙采用混凝土重力式构造。加宽后桥梁连同南边加宽的总宽达到20.4米，其中车行道宽18.4米，两侧的人行道（含桥栏杆）仍各为1米宽，桥梁的总面积达到730平方米。桥梁北侧加宽工程与南侧同时建成。竣工后市市政工程局组织有关单位进行联合验收。

1976年2月29日，运输乙二醇反应器的车辆通过此桥，当总重为400吨的挂车通过加宽的哑叭桥时，经测试各项数据均在安全值范围以内。

京原漫水桥

京原漫水桥是京原路跨于永定河上的一座29孔混凝土板梁桥。该桥是京原路一期工程中首先开工的一项桥梁工程，于1965年4月开始施工，1966年6月通车，同年12月竣工。

该工程由交通部第二公路勘察设计院设计，由交通部第一公路工程局施工。由于此段河床的宽度较大，常水位较低，在桥梁设计中按50年一遇的流量和允许洪水漫过桥而设定桥面的中心高程，所以桥梁定名为永定河漫水桥，建成后命名为京原漫水桥。桥梁上部结构为简支钢筋混凝土空心板梁，每孔11块，梁上按简支桥面浇注钢筋网混凝土面层，构成各孔为一整体桥面结构。桥面的两侧立面做成圆弧形，以减小对流水的阻力。桥面两侧无地栿，只安装可卸式钢管桥栏杆。下部结构是由钢筋混凝土灌注桩构成的双柱式桥墩和桥台，桥台桩的后面用块石砌筑重力式U形挡墙。翼墙外侧砌锥形块石护坡。

桥梁长412米，每孔跨径均为14.1米；桥面宽11.85米，车行道宽11米。桥梁面积为5800平方米。桥梁的设计荷载为汽–18级、拖–80级。

1969年9月全线通车后，由交通部组织桥梁工程验收，当时未向市市政工程管理处办理设施移交事宜。1970年6月，市防汛指挥部要求市市政工程管理处对此桥实施养护管理，此后即纳入市政养护范围。1988年6月间，对桥面实施维修，试用水泥混凝土快速补修技术，同时对桥上的伸缩缝进行彻底修补。

卢沟新桥

京周路工程中新建的一座17孔钢筋混凝土拱式桥。桥梁跨于永定河上，位于卢沟桥的下游，依此命名卢沟新桥。

该桥属于今卢沟桥南路的桥梁。

该桥的造型设计由于其北面有11孔连拱石桥，所以相应设定为拱式桥。桥梁结构采取便于预制安装，快速施工的钢筋混凝土双曲拱结构。依桥下河水流量3000立方米每秒和最高洪水位60.86米的水文数据，设定桥梁为17孔，跨径为30米，桥面中心高程为64.91米。工程由市市政设计院设计，市第二市政工程公司施工。1970年3月开工后，因遇汛期停工3个月，1971年3月竣工。

卢沟新桥是一座17孔连续双曲拱桥，其主拱为每孔10道钢筋混凝土拱。主拱上两端设复拱，由于桥梁上部设定为连续结构，在每个桥墩设5孔复拱，桥台上各设4孔复拱。其中墩上复拱中有3孔为有铰板拱，复拱上两侧筑以钢筋混凝土侧墙，其内部填充天然级配砂石，砂石上为现浇钢筋网混凝土面层。两侧设人行道和桥栏杆。桥台为钢筋混凝土暗埋箱式结构，其上部用块石砌筑U形挡墙，翼墙的外侧砌锥形块石护坡。桥墩采取钢筋混凝土地基梁，在上面安装5根断面为"工"字形的钢筋混凝土墩柱，柱上筑整体钢筋混凝土盖梁。在第四、第七、第十和第十二号桥墩的墩柱两侧，各增设一对钢筋混凝土方形柱。

卢沟新桥全长546.5米，两端边孔的跨径各为30.8米，其余15孔的跨径各为31.6米。桥梁宽15.6米，其中车行道宽12米，两侧的人行道（含桥栏杆）各宽 1.8 米，桥梁面积为 8525 平方米，桥梁的设计荷载为汽-20 级、挂-100 级。

桥梁工程建成后近月许，桥面混凝土面层普遍出现不规则形裂缝，一年后裂缝有所发展，但是混凝土面层比较稳定，遂于 1972 年 6 月通过工程验收，同时将桥梁移交给市市政工程管理处管理养护。

该桥在使用过程中，桥面开裂现象逐年发展，而且产生变形。到 1981 年冬季，混凝土面层的变形已趋严重，由市第二市政工程公司将桥面混凝土面层及其下面的砂石填料全部进行翻修。当填料清除后，发现在多数复拱的上面产生 1~3 道横向裂缝，分析其原因，主要是由于全桥未设伸缩缝，是桥面结构的温度膨胀力所造成。解决办法是浇注混凝土作为拱上填料，并在每个桥墩的上方设两道伸缩缝，同时在有裂缝的复拱上加铺一层钢筋网，混凝土上铺防水层。上面分块浇注钢筋网混凝土面层。此修理工程于 1982 年春节后开始施工，当年 5 月 25 日竣工通车，同年 12 月通过工程验收。

小清河新桥

卢沟桥南路上跨小清河的一座混凝土拱式桥，是 1971 年在京周路工程中新建的桥梁。由于该桥位于小清河桥的下游，故命名小清河新桥。该桥于 1970 年 3 月开工兴建，1971 年建成。

桥梁的上部结构为 8 孔钢筋混凝土桁形拱组合桥面体系。其立面属于桁架形式，上有水平弦杆，下有拱形下弦，中间有垂直杆件，形成桥墩上三角形桁架。每孔11道拱肋，各道拱肋之间和水平杆之间以钢筋混凝土系杆相连。全部杆件均采用分部和分段预制安装的做法，采用湿接方法构成整体结构，在水平梁上搭以预制钢筋混凝土微弯板，上面浇注钢筋混凝土桥面板。桥面板上铺三油两毡防水层，桥面两侧设人行道和桥栏杆。车行道部分铺筑沥青石屑面层。桥梁的下部结构均采用以6根混凝土灌注桩为桥墩和桥台，桩顶上筑混凝土槽形盖梁，支座置于槽内，每对拱脚下各安装一组钢支座。在桥台桩的前面及其两侧砌块石护坡。

桥梁长221.7米，边孔跨径各为15.25米，其他6孔的跨径各为30米。桥宽15.6米，其中车行道宽12米，两侧的人行道（含栏杆）各宽1.8米。桥梁面积为3459平方米。桥梁的设计荷载为汽-26级、挂-100级。

此工程由市市政设计院设计，市第二市政工程公司施工。1971年3月建成，1972年6月通过工程验收，同时移交市市政工程管理处管理养护。

1972年夏季，沥青面层普遍出现涌动而形成波浪和断裂，分析其原因，是沥青的热稳定性较差及油毡上喷沥青的作法不当所致。1973年6月间，由市第二市政工程公司将沥青面层予以翻修。其做法是改底层沥青为冷底油，仍用两层油毡，油毡之间喷阿尔巴尼亚石油沥青，油毡上不再喷沥青，上面铺筑用阿尔巴尼亚石油沥青拌和后的黑色石屑面层。此后未发生变形和开裂现象。

大宁桥

京石路上连跨小清河和哑叭河的一座10孔混凝土梁式桥。因为小清河与哑叭河仅一堤之隔,而且两条河的下游又同入大宁水库,所以命名该桥为大宁桥。

此桥的上游为小清河新桥和哑叭河桥,迤东是永定河桥。该工程由市市政设计研究院设计,交通部第一公路工程局第五工程公司施工。1986年10月开工,1987年9月通车,同年12月竣工,1988年12月通过工程验收,由市公路局接管养护。

永定河桥

京石路上跨越永定河的一座17孔预应力混凝土梁式桥,位于卢沟新桥的下游。该桥是京石路一期工程新建的一座大型桥梁。由市市政设计研究院设计,交通部第一公路工程局第五工程公司施工。1986年10月开工,1987年9月通车,由市公路局接管养护。

永定河上的桥梁

跨通惠河水系的桥

高粱桥

高粱桥始建于元世祖至元二十九年（1292年），位于和义门（今西直门）外，桥南北建有牌楼，北曰资安、广润，南曰永泽、长源。

民国时期，该桥属市工务局养护，档案中记载"基本完整"，不曾维修过。

中华人民共和国成立后，1951年春季由市建设局养路工程事务所进行桥梁普查时建立了技术档案。

当时的高粱桥是一座闸桥合一的单孔石拱桥。桥面纵坡度为正圆弧竖曲线，两端为反曲线与桥头路的平直线相接。桥面为花岗岩石板，两头与石板道相接，桥上两侧有节间式石栏杆。桥台是带八字翼墙的形式，桥台西面为闸台。拱碹形式为半圆形，镶有碹脸。桥长（南北地栿端之间的直线距离）20.5米，净跨径5.58米，桥宽7.07米，其中地栿之间的净距离为5.9米。每侧栏杆14根望柱，其中直线段望柱12根（含角柱），栏杆端各有抱鼓1块。

高粱桥

　　拱碹为镶边纵联式砌法，两面碹脸石各为 7 块。桥台和翼墙均为花岗岩石板砌筑，桥台西端前墙上有闸板口，闸口深 15 厘米，口宽 30 厘米，台上各有一对绞关石架，桥下和上下游有石板海墁。上下游翼墙以外有石砌驳岸。

　　望柱为方形柱身，上有串珠颈和莲瓣方形平顶柱头。栏板为镂空双面雕饰板，上有束竹式寻杖，寻杖下有荷叶边盖云拱，云拱下为宝瓶式瘿项，中间为整宝瓶，两头各为半形瓶。下部的实体板有上枋、下枋和 3 根立柱雕线，立柱间为单线盒子心。地栿为矩形断面，金边、地栿和栏杆多数为白石。

　　1951 年 9 月，拆去高粱桥两头的石板道，桥迤北直至白祥庵桥的石板道全部拆除。

　　1953 年 4 月，维修高粱桥的石栏杆，主要是用水泥砂浆勾抹栏杆石件的接缝，以稳固栏杆。同年 10 月，西北角的抱鼓石被撞损,遂予以更换,其石料取自虹桥头存放的旧白石栏板。1954年4月,用水泥砂浆补修桥面石板上的车辙沟。同年5月,又将桥面两头及桥头路面垫高改善桥面纵坡,以利大型客车通行。1956年夏季,东南角的抱鼓石和1根望柱被汽车撞坏,因缺适当的石料而采取粘接办法予以修复。1958年年初,海淀区政府为修筑高梁桥迤西的长河两岸滨河道路和解决桥东南通往西直门火车货站的车辆经常撞坏桥栏杆等问题,经市文化局和市道路工程局同意,由区政府和火车站出资,由温泉生产队石厂将桥梁四角八字栏杆各拆去1根望柱和1块栏板,改为八字栏杆只有抱鼓石的形式。拆下的石件存放在朝阳站外赦孤堂材料库内,以后又用于桥梁维修中。

1982年,在将长河下游改为暗河的工程中,高梁桥被改建成一座假石桥。由于该桥上下游的河道改为暗河,根据市文物事业管理局关于"应保留高梁桥基本形式"的要求,由市市政设计院设计,市第二市政工程公司将原桥全部拆除,并重建一座类似模型的无桥洞石桥,石件加工及安装工程由房山县石窝村石料加工厂承做。重建的高梁桥桥位向北平移1米,桥长17.3米,全宽16米,其中地袱之间的净距离为14.84米。桥面铺装改为沥青混凝土路面,其纵断面坡度减小,栏杆、地袱和金边大部分仍利用原石件,有少数腐蚀严重的石件依原样配制更换,侧墙、碹脸和桥台利用旧石料加工见新后安装。此工程于1982年8月开工,当年12月竣工。1983年3月24日由市市政工程管理处接管养护。

北海大桥

原名金鳌玉蝀桥,曾名金海桥、御河桥,位于文津街东端,跨于北海和中海分界处的湖面上,是一座9孔连拱石桥。该桥是当时北京城区内最大的一座石桥。

改建前的北海大桥

该桥始建于元代,横跨于太液池的中部,当初是一座石板梁平桥,明弘治二年(1489年)五月拆去石板桥,改建成一座9孔连拱石桥,命名金鳌玉蝀桥。在大桥的两端各建一座木牌楼,上面镶有石匾,西牌楼匾额为金鳌,东牌楼为玉蝀。当时在团城的东面有一座较短的石板梁平桥,在修建金鳌玉蝀桥期间将此桥拆去桥面石板,填平河道,修筑道路,修建乾明门,俗称三座门。

北海和中海的水域早在元代已形成,称为太液池。明代又扩展出南海水域,仍沿用太液池名称,直到清代名称未改。清代及其以前太液池范围属宫廷花园,从金鳌玉蝀桥迤西的灵星门往东不许百姓通行。民国初年开放金鳌玉蝀桥,命桥东的大街为三座门大街,桥西为文津街,从此该桥成为交通要道。民国时期,桥梁和牌楼属市工务局管理和养护。1934年,改木结构牌楼为钢筋混凝土结构。

中华人民共和国成立后,1951年春季,由市建设局养路工程事务所进行桥梁普遍调查。当时该桥是一座9孔连拱石桥，其基本形式，属于园林中的观赏桥造型，非行车桥形式。全桥中部为桥身段，两端为桥堍段。桥身段中有9孔桥洞，均为半圆形拱碹，碹脸上无拱眉，龙门石上均有石雕兽头，桥墩头无分水尖。侧墙、碹脸和桥墩的外面相互齐平。桥堍段的两侧有八字翼墙，桥台无燕翅，所以翼墙直通桥基。9孔拱碹以中孔的拱顶为最高，各向两侧依次减低，使桥面纵坡形成正圆弧形竖曲线。两端的桥堍段桥面纵坡为直线形，而且坡度较大。侧墙和翼墙上有单层仰天石形成的金边。金边及其以下部位的表面全部用青白石砌成。桥栏杆的形式为节间式。除少数望柱为汉白玉石料雕成外，大部分石件为白石材料所做成。望柱的形式除角柱为五边形外，其余均为方形断面。柱头为莲花瓣捧头平顶形，柱颈有菩提珠，颈下有荷叶托。柱身的内外两面刻双线盒子心。栏板上有束竹式寻杖，寻杖下镂空，雕有云拱和瘿项，栏板的下部内外两面均刻有上下枋和立柱线纹。栏杆的端部各有一块抱鼓石。地栿全部为矩形断面。沿仰天石的内侧铺有一道用青白石做成的缘石。桥面的绝大部分为花岗岩条形石板，只有东桥堍的北边和东牌楼北边柱周围，有一部分路面是用青白石条形石板铺砌。石桥全长156.8米，其中桥身长117.6米，桥堍长各为19.6米。石桥全宽9.5米，花岗岩石板面宽7米。桥梁南北两侧的桥墩外面有少量石板面残损。

因为桥面较窄，桥面的纵向坡度较大，团城旁的道路弯曲而狭窄，桥头又有两座牌楼，致使交通不能通畅。

随着经济建设的发展，此处交通受阻现象日趋加重，于是在

1954年初开始酝酿和研讨这一地区的交通改善事宜，由此又引出了从猪市大街至文津街的道路扩建工程如何实施的问题。其中主要的难点是金鳌玉蝀桥及牌楼、团城、三座门、大高殿牌楼和北上门等古代建筑的保护，以及拆通双辇胡同等问题。当时一是资金不足，二是因为对古代建筑如何处理的意见一时难以统一，故采取了分期解决的办法，金鳌玉蝀桥一带的交通改善工程被列为重点。由于石桥和牌楼，以及团城都属于历史文物，而且又是一处互相关联的古代建筑群，市人民政府指示由城市规划部门主持，组织道路建设部门和文物管理部门召开会议，讨论研究在交通改善工程中如何解决古代建筑和道路扩建工程的矛盾并提出解决方案。

1954年9月，提出了3个方案：第一方案是保留石桥、牌楼和团城，在古代石桥的南面另建一座新桥，承担全部交通，旧石桥作为历史文物供游览观赏。第二方案是保留旧石桥，拆去牌楼，在旧石桥的南面新建一座较窄桥梁，新旧两座桥梁分上下行共同承担交通流量；保留团城，将其南侧道路相应加宽。第三方案是将石桥向南侧加宽，拆去牌楼，保留团城，将其南侧道路加宽。

1955年初，市人民委员会以第三方案又加上拆除部分团城为主要内容上报国务院。1955年9月市人民委员会按拆去部分团城的方案，向市规划管理局布置北海大桥加宽工程设计任务，同时向市道路工程局布置该项工程的施工任务。1955年10月28日正式开工。开工后，首先拆除牌楼，当时这两座牌楼的主体都是钢筋混凝土结构，均属三间四柱三楼式牌楼，4根立柱和6道横枋是由钢筋混凝土整体浇注而成。柱内竖钢筋为 1 英寸竹节形方钢筋，额枋内的主钢筋为 3/4 英寸竹节形方钢筋。三楼均为红松木构件，正楼为四坡顶，偏楼（边楼）为三坡顶，楼面全部为琉璃瓦件。夹杆石为白石材料所做，每对大块夹杆石上雕有 4 只类似狮形的小兽。锁口石多数为白石，有少量为青石。正楼下的额枋间镶有汉白玉双面匾额；西牌楼石匾上刻凹形字"金鳌"，东牌楼匾额为"玉蝀"。拆下来的夹杆石、锁口石和匾共 50 件，以及全部琉璃瓦件，经市文物组和北京文物整理委员会鉴定，认为这些石件和琉璃瓦件为木牌楼上的原件，属于历史文物，应予以保存。当时与北海公园管理处商定，将这批保留件暂存放在北海西岸。

  石桥加宽工程因包括变更桥面坡度和桥面铺装，首先将桥栏杆石件、地栿石和仰天石，进行编号、登记、拍照、测绘后，拆卸保存以待再用。桥面石板全部拆除用于加宽工程中，拱上填土仅拆去上层。露出侧墙内侧的背砖和拱碹的约三分之一部分，见石砌拱碹无损坏，碹石上所嵌的银锭铁很稳定。侧墙内背砖无腐蚀，填土也很坚实，故未将填土全部清除，遂于其上重新填入石灰土，碾压密实。加宽部分的内侧，沿旧桥的侧墙和翼墙用旧桥面料砌筑一道挡墙，新旧石墙之间有沉降缝。因为新砌挡墙的下面需要重新做基础，故需将旧桥南面外延的桥基和海墁拆除，拆除过程中将其构造予以记录。在加宽部分的主体构造下均采用低桩承台为基础，基桩为木桩，桩上筑钢筋混凝土承台面。桥梁南侧的新立面，按照原石桥的形式采用与原桥石料相似的青白石板砌筑碹脸、侧墙和翼墙。9孔桥洞将其中孔按照原桥中孔的做法砌成碹洞，使其新旧两部分桥洞贯通。洞内做混凝土海墁。其他8孔的南面只做出孔洞外形和碹脸，而并非通孔。为了调节过水量，设计中在两边孔内各设一道净跨径为1.2米的石墙钢筋混凝土板涵洞，施工中变更设计，改为内径为1.2米的混凝土管。将桥的东南方因中南海的红墙东移露出的一段湖岸，用花岗岩蘑菇石砌筑挡墙。

为了降低桥梁加宽后桥面的纵坡度，将旧桥两端的侧墙和翼墙依桥面纵坡予以加高，将全部旧仰天石用于全桥的金边上，又补充了一部分新仰天石用于东南方延长的湖岸挡墙上。仰天石用水泥砂浆平砌于侧墙、翼墙和挡墙上，依旧出檐16厘米。将全部旧地栿和栏杆石件用于桥上，又按照旧桥栏杆形式和规格雕刻出一部分新石件，用于新砌的湖岸上。为了增加地栿的稳定程度，在每块地栿石上钻两个孔，并穿透仰天石，孔内插入钢筋，并用水泥浆灌注。地栿也是依旧后退于金边16厘米。望柱和栏板依次安装，用白水泥填充其接缝。此次恢复桥栏杆时，由于栏杆东端的位置都有所变更，因此免去了全桥栏端的抱鼓石，将桥栏杆

扩建后的北海大桥

与桥头的红墙对接。桥梁加宽前的桥栏杆端部与红墙均非对接，而是红墙在桥外与桥栏杆并排一段。此次加宽工程中的回填土方，全部取自复兴门的城墙上。当时正值拆除复兴门城门洞和开辟复兴门内大街工程施工期。桥梁中新旧两部分填土，其下部均为素土压实，上部为50厘米厚的石灰土，以此作为桥面铺装的基础。

为了在桥上两侧加设人行道，旧桥仰天石内侧的缘石未予恢复，而是在仰天石内侧桥面内设置管线孔道，并在其上面铺装人行道。车行道部分铺筑沥青混凝土面层。桥梁加宽后，总宽度达到34.4米。其中车行道宽25.7米，南侧人行道包括栏杆的宽度为4.46米，北侧人行道宽包括桥栏杆为4.16米。桥梁全长为156.78米，其中桥身长117.58米，两端的桥堍长度各为19.6米。桥梁总面积为5393平方米，全部工程于1956年9月26日竣工。

金鳌玉蝀桥加宽工程完成后，由于多数桥洞已不能通水，故该桥又有桥式大堤或北海大堤等称谓。

1974年，将桥上的石栏杆全部拆除，更换成铁棍式高栅栏。栅栏的地栿采用钢筋混凝土外面镶贴青白石面做法。立柱为方形钢筋混凝土柱，其四面镶贴汉白玉石面。柱顶安装由汉白玉雕刻的方形柱头，立柱之间是用方形钢条制成的竖棍式栅栏，上部嵌有铝制烤漆花饰。此工程由市市政设计院设计，市第一市政工程公司施工。1974年8月开工，9月完成。拆下的桥栏杆望柱、栏板和地栿石件，由市文化局文物管理处清点收存。

金水桥

位于天安门(曾称承天门)的前面。明永乐十五年(1417年)修建承天门,同时在门前的金水河上建石桥3座。明成化元年(1465年)重建承天门,同时改建3座石桥为5座石拱桥。清顺治八年(1651年)重修承天门后,改名为天安门,同时又重修金水桥。

1949年中华人民共和国开国大典前,由市建设局将金水桥进行全面维护保洁,清理桥上的积土和杂草,并进行了全桥清洗。1950年6月至9月,市建设局实施天安门广场和道路扩建工程,由市建设局养路工程事务所对金水桥进行维修。此次维修工程包括东便桥(文化宫桥)和西便桥(中山公园桥)共7座桥,维修

金水桥旧照

项目包括用白水泥勾实全桥石件的接缝、补修石板桥面上的深沟等。此次维修后金水桥和东、西便桥即划定由养路工程事务所养护，天安门管理处负责管理。

1951年春季，由市养路工程事务所进行桥梁普遍调查。当时金水桥包括5座各为3孔的石拱桥，5座桥的结构和基本造型相同，侧墙及其以下部位全部为白石材料所砌筑，石料的外露面全部磨光。拱碹均为半圆形，碹脸上有拱眉。单层曲面仰天石大部为白石料，有少量石材为汉白玉。地栿为矩形断面，全部为白石所做。石栏杆为节间式，其石材白石占多数，汉白玉石材为少数。望柱的形式除中桥为蟠龙柱头外，其他4座桥的望柱均为寿桃形柱头。栏板的形式为束竹式寻杖镂空型重力板。栏杆的两端各有一块抱鼓石。桥面全部用石板铺砌，石材有白石和青白石两种。桥头有牙石。桥面纵坡为圆弧竖曲线，而且略有弧形横坡。5座桥身上的望柱数相等，每侧均为12根（包括角柱）。八字栏杆的望柱，在中桥上每端为4根，在其余4座桥上每端各为3根。5座桥共有望柱184根，有栏板174块。在桥与桥之间的南北河岸上各有望柱4根和栏板3块。5座桥以外的金水河两岸也设有石栏杆。

桥梁的长度以中桥为最长，全长40.6米。从中桥向两侧逐桥减短变窄，但相对称的两座桥，其长度、桥宽相同。与中桥相邻的两座桥全长均为36.6米，最外边两座桥桥长均为34.2米。中桥桥宽9.62米，与其相邻的两座桥桥宽均为6.42米，外边的两座桥桥宽均为5.52米。5座桥的桥身长度均为22.45米。中桥面积为 419.73 平方米，向两边逐桥依次为 255.45 平方米、203.85 平方米。5 座桥的总面积为 1338 平方米。

1952 年 8 月，市养路工程事务所，在翻修天安门至午门的石板道工程中，对金水桥桥面予以整修，更换中桥上的部分石板，将其他各桥的桥面石板原地加工找平。

1959 年 8 月至 9 月，市第一市政工程公司实施金水河延长及清淤工程，将金水河两端的红墙向后移位，使金水河向东西各延长 65 米，同时将河岸上的石栏杆相应接长。在河道清淤期间，由市道路管理处将金水桥的下部构造进行维修，并进行测量。当时桥梁的主体结构基本完好，只是桥下的海墁石板间对接缝隙较大。此次维修将海墁石板的缝隙用水泥砂浆灌实，用白水泥将桥梁的石件接缝勾严。

1962 年 10 月趁东便桥翻修工程断水期间，由市市政工程管理处进行桥梁下部构造维修，以前用水泥所勾的石缝依然完整坚固，遂将在桥体上挂设临时电缆时所凿的孔洞予以修补。1982 年 11 月发现金水桥两边的河道南岸上出现裂缝，河岸的石墙明显外倾。1983 年 2 月至 4 月，由市第一市政工程公司翻修损坏的河岸石墙，同时在金水河原有石板铺墁的河底浇注一层混凝土，并铺墁混凝土大方砖作为河底面层。借此机会，市市政工程管理处对金水桥下部构造进行维修，将少量石缝中有开裂的水泥予以清除，重新用白水泥将石缝勾严，同时再次核测金水桥和东、西便桥的主体尺寸。由于河底的增高，中桥墩外露高度为 1.03 米。经此次测量证明,23 年来金水桥的各部尺寸和高程均未发生变化，

5座桥的各孔拱碹均为并列式砌法，并列接缝无开裂现象。

此次测量使用的测尺为钢尺，1959年测量使用的是皮尺，故所测数值略有出入。5座桥相对应的桥孔跨径基本相等，其差值仅为1～4厘米。中孔的拱脚跨径为5.47～5.5米，边孔的跨径均为3.27～3.29米。各孔拱脚缘比桥墩和桥台都后退15～16厘米，所以中孔桥墩之间的距离为5.17～5.18米，边孔桥台和桥墩之间的距离为2.95～2.99米。由于拱脚以上的桥体外面自上而下有收份，拱脚处的桥梁宽度（桥洞长）略大于上部宽度。中桥下部宽9.28米，与其相邻两桥的下部宽6.25米，外边的两座桥，其下部宽为5.33米和5.34米。中孔的碹脸由3对碹脸石和1块龙门石组成，边孔的碹脸均由2对碹脸石和1块龙门石构成。碹脸石的宽度均为43厘米，其厚度为73厘米。碹脸石上有拱眉，拱眉石的厚度略有出入，其厚度多数为15厘米许。桥墩上下游均为尖端，其两头的盖顶石尖端翘起，桥墩宽2.25～2.27米。桥墩两头伸出侧墙以外1.24～1.29米。中桥与其两边的桥身相距5.95米。外边相邻的两桥之间相距5.24米。

由于金水桥上经过的行人较多，桥面的磨损很快，1952年至1959年，中桥桥面中间的一道石板磨损1～2厘米，其他各桥加工过的桥面石板已不存在加工痕迹。1959年至1984年，中桥桥面中间的一道石板磨损1～3厘米。由于全桥石板的耐磨程度不同，桥面的平整度变化较大。1984年9月，市市政工程管理处用环氧水泥砂浆将桥面上较深的沟和凹坑进行修补，并调整部分桥面石板的高度。

当时桥面石板的铺砌状况是：各桥的桥面上两侧各有一道缘石，缘石宽均为 31.5 厘米。中桥桥面石板共有 7 道，中间的一道石板最宽，其宽度约 216 厘米。横断面的上线呈正圆弧形，石板的纵向亦随桥面的纵向坡度呈曲面。其他 6 道石板的横向呈水平，其纵向呈弧形面。中桥两边的两座桥，其桥面石板各为 5 道，中间的一道石板宽度最大，宽约 171 厘米，各道石板上面的形状与中桥的桥面相似。两座边桥的桥面石板各为 3 道，中间的一道石板较宽，其宽度约为 123 厘米，桥面的表面形状与其他桥相似。各桥的地袱石均为矩形断面，宽约 34 厘米，厚 15～17 厘米，地袱后退于金边 13～15 厘米。仰天石的厚度约 40 厘米，对侧墙出檐 15～16 厘米。

德胜门瓮桥

德胜门箭楼以北跨于护城河上的桥梁称德胜门瓮桥，明永乐年间修筑北面城墙和城门时建成此桥。该桥初建为木桥，明正统四年（1439 年）四月改建成一座石台木梁桥，在桥面西边的桥台上设水闸。

民国时期，该桥属市工务局管理养护。1949 年 4 月，由市建设局接管，但是档案中没有该桥的技术资料。1951 年春，市建设局养路工程事务所为建立桥梁档案，对此桥进行实测，并实施养护维修。当时是一座单孔石台木梁石桥，桥台及八字翼墙均为花岗岩条形石板砌筑。桥台前墙宽 13.4 米，翼墙因端部破损而长度不相等,四角翼墙以西北角为最短,长4.5米,净跨径4.1米,桥面宽11.26米。纵梁为密排方形木梁。桥面上是满铺花岗岩条形石板,都是横向铺墁,桥面石板与桥头石板路面相连。桥栏杆是用城砖砌成的实体矮墙,墙顶面盖有泥鳅背帽石,八字栏杆折弯处立镶一块护角石,栏杆两端各竖立一块青石板。栏杆以外有城砖砌成的护栏,其高度与桥栏杆相同。桥面西侧的桥台上各有一对绞关石架,在绞关下面桥台的前墙上有闸板口。桥下有石板海墁。桥梁上下游在翼墙以外都有用花岗岩条形石板砌筑的驳岸墙。

1953年9月桥梁维修检查发现木纵梁底面普遍存在腐朽层,腐深1~2厘米。此次维修在桥面及桥头路石板上加铺一层沥青混凝土面层,可以减轻行车对纵梁的震动冲击力,又便利于车辆和行人的通行。

1955年年初,将该桥列入当年大修计划,大修工程由市养路工程事务所设计,其主要内容包括翻修桥面,更换木梁,加宽车行道,增设人行道。该工程于是年8月14日开工,9月完成。大修后车行道宽13.4米,桥面长5.5米,东侧人行道宽0.8米,西侧人行道宽1.5米。由于人行道纵梁两端都是搭设在八字翼墙上,故人行道长达到7米。

此次大修工程因加宽桥面,必须拆去水闸绞关石架,开工前经市文化局认定,不属文物,予以拆除。

1956年6月和1957年3月两次更换人行道木板,1957年研制成功铅丝网混凝土人行道板,于同年7月将该桥人行道换成钢筋混凝土板。1966年4月再次更换混凝土人行道板。

1984年，銮桥进行改建工程，由市市政设计院设计，第二城市建设工程公司施工，1983年12月开始拆除旧桥。该桥是历经545年历史的古桥，故由市市政工程管理处跟踪拆桥的全过程，对桥梁细部构造进行调查。调查内容主要是下部结构，桥台和翼墙全部是用单层石板砌筑，石件之间都是平面对接，各层石板之间没有铁件联结，石墙的后面全部为石灰土，后部的灰土中掺有碎砖和石片等杂骨料。灰土的上面，桥栏杆以外部分，用花岗岩条形石板墁成平台。桥基和海墁属同一整体平台，上面是用花岗岩条形石板按顺桥方向铺墁成的大平面，石板下面的基础大致从桥的中间分成上下游两部分。上游部分是在密布的小柏木桩上铺海墁石板。海墁的上游边沿有一道立牙石，顶面与海墁面平，下游部分是在密布小柏木桩上设木板层铺海墁石板。上游海墁宽度14米，下游海墁边缘损毁，尚存10米宽。

改建后的銮桥是一座3孔钢筋混凝土梁式桥。桥长41.4米，各孔跨径不等。北边孔跨径为12米，滨河路由桥下通过；中孔跨河道，其跨径为21米；南边孔跨径5.7米，桥下是南滨河人行道。桥面在南边上呈喇叭形，因而北2孔桥宽为30米，桥面南端宽52.3米。两侧人行道宽（含栏杆）均为3米。桥梁面积1218平方米。桥梁的上部结构是整体浇注的连续钢筋混凝土变截面宽腹T形梁，双层钢筋网混凝土桥面，两侧设人行道及桥栏杆。下部构造的两个桥台为U形钢筋混凝土结构。桥墩结构上部各为6根钢筋混凝土薄壁式墩柱，每根柱上支承一道梁腹。其下半部分的构造是与河岸挡墙同样高度的钢筋混凝土挡墙,下面有扩大的混凝土条形基础。桥下有混凝土海墁,两边与河道的混凝土河底相接。桥梁的设计荷载为汽-20级、挂-100级。改建工程于1984年6月竣工,9月正式验收,由市市政工程管理处接管养护。

大通桥

大通桥位于原东便门外,跨于通惠河的起点处,是一座3孔石拱桥。光绪《顺天府志》中有"大通桥京城东便门外,跨通惠河……明正统三年五月建。正德二年修,隆庆二年工部郎中崔孔昕又修"的记载。1951年春季,市养路工程事务所进行桥梁普

大通桥旧貌

遍调查，当时该桥是一座 3 孔石拱桥，桥梁状况基本完好。东侧的石栏杆缺少两根端望柱，西侧的栏杆共损坏 5 根望柱，其他各部位的石件尚完整，桥面石板上面沟坎不平。桥台的两端设有水闸、闸台，上有 6 对绞关石架，闸台的前面有闸板口，桥的下游海墁以外有跌水，南端桥埒以外有石板道通瓮城内。桥北端以外的石板道尚存数米。石桥全长约 45.1 米，桥身长约 28.5 米，桥梁全宽约 9.2 米，地栿以内净宽 7.9 米。八字形桥栏杆的地栿斜长 11.8 米。

1954 年 5 月整修东便门内外道路，同时对大通桥进行维修。维修项目是清除全桥上的积土和杂草，扶正桥栏杆石件并勾缝，用混凝土填垫桥面上较深的车辙沟。

1973 年 12 月，为东护城河改暗河工程做施工准备，将大通桥拆除。拆除工程由基建工程兵部队和市水利局合作施工，于 1974 年 4 月完成。

永通桥

朝阳路上跨越通惠河的一座 3 孔石拱桥，始建于明正统十一年（1446 年）八月，建成于正统十三年（1448 年）十二月。英宗皇帝朱祁镇命名永通桥，俗称八里桥。

民国以前，朝阳路是京城经朝阳门通往通州、直到天津的主要通路。通惠河又是漕运河道，因而永通桥是水陆交通的要冲。民国六年（1917 年）扩建京津公路工程中，曾维修八里桥。

中华人民共和国成立后，该桥属河北省通州地区公路局管理。1956年3月将八里桥一带地区划入北京市管辖，从此该桥由市养路工程事务所管理和养护。由于以前没有永通桥的技术档案，养路工程事务所于1956年4月对该桥进行了测绘（仅绘平面图）。当时此桥是一座3孔连拱石桥，中孔拱顶高于两边孔的拱顶4米许，这是该桥造型的特点。石桥全长60.2米，其中桥身长38.6米；北桥垛长10.2米，南桥垛长11.4米。桥身宽16.2米，地栿以内净宽14.4米。北桥垛北端的宽度为18.1米，南桥垛南端宽21.7米。边孔的跨径各为5.4米，中孔内桥墩之间的净距离为6.12米。由于其拱脚各后退于桥墩6厘米，所以中孔拱脚处的跨径为6.24米。中孔矢高3.42米，边孔矢高为2.8米，桥墩的厚度为3.45米，桥墩总长度为22.2米。上游分水尖全长3.5米；下游的凤凰台长2.7米。桥台前墙长20米，其上游外露长度1.8米，下游外露的长度为2.2米。燕翅的端部均埋入河岸中，故未测量其长度。桥

八里桥（一）

上两侧有节间式石栏杆。每侧有望柱 31 根，其中桥身上包括角柱共有望柱 21 根，两端各有八字栏杆望柱 5 根。望柱的形式，4 根角柱为五边形断面的柱身和单狮雕柱头，角柱以外的第一根望柱为方形平顶柱头和方形柱身，其余 54 根望柱均为方形柱身上雕刻有形态各异的狮子。栏杆端部各有 1 只背靠望柱的坐兽，4 只坐兽的造型大致相同；石兽与其背后的望柱是用一块整青石材料雕刻而成的。其他望柱大多数用材为花岗岩，只有少数望柱的石材为青石。栏板全部为实心，其石材多数为花岗岩，少数为青石。观其外形，青石栏板年代较久，两面有相同的雕线，均已模糊不清，上部似有寻杖、云拱和瘿项雕线，下部的板心雕线已似有似无。花岗岩栏板刻线粗糙。地栿的断面为矩形，其石材多数为青白石和白石，少数为花岗岩，金边为单层，大部分是用青白石做成的仰天石，有少量仰天石为花岗岩。桥面全部用花岗岩条形石板铺砌。石桥的侧墙和翼墙均为青石板砌筑，但是其中有少量青白石、白石和花岗岩石。拱碹的碹石和碹脸石以青白石和白石占多数，其中杂有少量花岗石。桥台和燕翅均为花岗石板砌筑，四角的燕翅上各伏有一只石雕镇水兽，桥墩的上游端为分水尖。在中孔一侧有闸板口，分水尖的前方有铁刃。桥墩的下游端为齐抹角形。在边孔拱脚以下的部位是用花岗岩石板砌筑，其以上在中孔一侧为青石、白石和花岗石混合料所砌筑。石桥的上下游，在燕翅端以外有石砌岸。

1958 年 7 月，洪水将石桥下游的驳岸冲毁大半，同年 9 月由养路工程事务所对石桥进行全面维修。主要是燕翅及凤凰台等

八里桥（二）

部位松动的石板予以复位，清除桥上的杂草和小树，然后将外露石件的对接缝全部用水泥砂浆勾严。

1966年5月至6月，为改善八里桥道路交通状况，在石板桥面上加铺沥青混凝土面层，同时将北桥堍及其以北的路面加高加宽；石桥的南端从桥堍起，向东修筑缓和纵坡平曲线弯道，以增大弯道半径和降低桥头路的纵坡。

1972年，为了配合超重型汽车过桥，再次将南北桥堍上及其以外的道路实施加高工程。此次路面加高后，桥堍上的沥青混凝土路面的高度已超过地栿的高度。

1981年7月间，河水将石桥下游两边的燕翅端部及其以外的泊岸冲毁。同年9月至10月，在燕翅端以外采用密排钢筋混凝土灌注桩的做法筑起挡墙，北侧筑挡墙6米，南侧筑挡墙10米，同时将松动的石板实施复位安装稳定。塌毁的驳岸未做修复，打捞出部分驳岸石板用于燕翅的后面。

1983年8月4日，北京市区普降大雨，八里桥水位达到

26.2 米，中孔上游的水面距拱顶约 80 厘米。当日午夜，八里桥下游的通县北关闸开闸放水，使八里桥下游水位迅速下降，形成石桥上游和下游的水位差达到 1.1 米。5 日凌晨 1 点 30 分，桥面北部出现下陷，北边孔上的东面侧墙出现裂缝并下沉。5 日 9 时，水位降落到边孔拱脚以下，发现北桥台的东端下沉，拱碹变形，拱上侧墙的石料松动下沉，地栿和桥栏杆悬空架于原位上，北部的桥面形成大空洞。即日起开始连续监测其下沉状况，10 天后未见明显变化。由于有关部门对永通桥保留还是拆除意见不统一，加之又没有资金，故未采取临时措施。

1984 年 1 月 29 日凌晨 6 时，北孔东面的碹脸石和部分碹石塌落，拱上侧墙倒塌，桥栏杆仍悬架于空中。石砌侧墙内侧背砖虽依然完好，但桥上已完全断绝交通。

1984 年 5 月，市人民政府给市文物事业管理局拨八里桥修复工程款 20 万元。几经转包，最终由河北青县一石工承包修复工程，6 月初开工，汛期即停，9 月复工，10 月底完成。

施工中查明了桥台坍塌的原因，主要是拱脚、基础、海墁等部位石板下陷所造成，拱上的填土由此被冲刷流失。此次修复中，坍塌的桥台基础未做整理，在松散的石板空隙中灌注混凝土，并修复了拱碹及侧墙。桥面的修理由于缺少石料而未能恢复石板桥面，最后由市市政工程管理处铺筑沥青混凝土面层。

1986 年 6 月 27 日上午 9 时，石桥的南边孔下游部位突然塌毁大半。东南燕翅全部倾入水中，南桥墩的后部石板松动。上部的桥栏杆悬架于空中。当天由市市政工程管理处将南边孔的上游孔洞封堵，上午 10 时发现桥面出现下陷现象，随即召开现场会议对塌桥事故进行分析，由于之前为了蓄水灌溉，通县北关闸上游的水位比较高。6 月 27 日凌晨以前，城区一带降雨量较大，使八里桥水位达到 26 米，石桥中孔的上游水面距拱顶约 1 米。通县北关闸于 6 月 27 日上午 8 时全部启闸，八里桥下游的水位迅速下降。由于八里桥的过水断面较小，于是形成石桥上下游的水位落差达到 1 米以上，桥下过水压力流将较薄弱的桥基部位冲空，造成石桥结构体坍塌。

现场会以后，市政府决定，保留古石桥，修复古石桥。修复的第一步是在石桥以北修建一座混凝土涵洞，第二步修复古石桥，以后疏浚通惠河工程中，在石桥以南再建一座混凝土涵洞。新建八里桥北涵洞工程，由市市政设计院设计，市市政工程管理处和市水利工程总队共同施工。

1987 年 3 月开工，至 5 月下旬涵洞的下部构造基本完成，于 5 月 29 日开始放水，石桥下同时实施断水，由市市政工程管理处实施修复工程。石桥修复工程包括三大部分，一是南边孔及其有关部位的修复，二是桥身北端的桥面塌陷及其基底恢复工程，三是海墁覆盖混凝土工程。

南边孔拱碹塌落过半，南桥台前墙坍塌约 6 米，其下游燕翅石墙全部倾倒，南桥墩的东端下部被水冲空。修复前将塌落的碹石全部挖出，其他部位的石料基本找齐，同时又从河床中挖掘出旧仰天石、地栿石、碹脸上的龙头、碹脸石等共 19 件石件，经国家文物局认定，这些石件是石桥上的原件，应属文物，由市文

八里桥（三）

物局和朝阳区文化文物局收存。南桥台及燕翅的修复方法是在原基础木桩中浇注混凝土作为新基础，利用原有的石板以水泥砂浆砌筑复原，石墙的后面用混凝土填实，最后将燕翅上的镇水兽复位。拱碹是用原碹石大致按原位修砌，于拱碹上浇注一层钢筋混凝土，侧墙利用原石料以水泥砂浆砌筑，因其旧城砖已损失大半，所以主要是用红机砖砌成背砖墙。金边、地栿和栏杆均以原石件按原位修复。拱碹以上用天然级配沙砾石填实，上面做50厘米厚的石灰土。桥面用旧石板修复，石料不足部分用石灰土填平，上面铺筑沥青混凝土面层。

桥身北端的修复：桥面塌陷的原因是由于北桥台基础被水冲空，处理方法是在空洞内浇注约10立方米混凝土，再用天然级配沙砾将塌陷部位填实。上面做80厘米厚的石灰土，在石灰土上铺筑沥青混凝土面层。

海墁的修复：上游海墁的石板在距桥身6.6米以外大部分已

损坏，下游海墁的石板尚存 7 米宽，北边孔内的海墁石板损失近半数。露出石板下面的木桩和横顺排列的圆木。中孔内的海墁石凸起，南边孔内下游部位的海墁石板损失约 12 平方米。当时，对海墁的修复方法有两种意见：一是将损失的石板补齐，将变形的部位修理平整，在上下游海墁石板以外浇注 3 米宽的一道钢筋混凝土保护带；二是在现状海墁石板的上面满盖一层混凝土。市文物局同意第二种意见，并按照此种做法施工，混凝土最薄处不小于 20 厘米。混凝土顶面的高程为 18.85 米。事后国家文物局对此种用混凝土覆盖海墁石板的做法提出异议，认为这种做法破坏了文物。

此外，在下游海墁以外的河床中埋有大量的旧石件，因挖掘这些石料使河床形成坑穴，后抛进约 30 立方米块石填实，以保护下游海墁的安全。

八里桥水毁修复工程于 1987 年 7 月底全部竣工，涵洞工程亦同时竣工。

1990 年 5 月 15 日，石桥桥身西侧靠南端的一段石栏杆被汽车撞坏，其中有 5 根望柱和 5 块栏板掉入河中，另有 1 根望柱被撞断；与其相邻的 6 块栏板和 4 根望柱被撞松动。当时因水深未能捞出水中的石件，为了交通安全及时新配石件予以修复。

左安门窑桥

始建于明嘉靖三十二年（1553年），为单孔砖台木面桥。嘉靖四十三年（1564年）左安门外增筑瓮城，将护城河绕于瓮城之外，因而窑桥也随之移建于箭楼以南。新窑桥仍为单孔，其构造改为石台木梁石板面。

民国时期的桥梁养护属市工务局，档案中只有"左安门窑桥，石台木梁构造，桥幅8公尺，基本完整"的记载。

1951年春季，由市养路工程事务所进行桥梁普查，并建立桥梁技术档案。当时该桥是一座石台木梁石面桥，桥台和八字翼墙均为花岗岩石板所砌成。桥面上为密排方形断面的木纵梁，上铺花岗岩条形石板。两侧的桥栏杆为城砖砌成的矮墙，大部已残损。桥宽6.3米，桥净跨径3.3米。桥台前墙宽8.1米。北桥台翼墙长4.5米，南桥台的翼墙长5.8米。1953年上半年桥梁养护统计资料中记载，左安门窑桥的砖护栏改为木栏杆。

1958年7月，窑桥严重阻水，汛后在窑桥东侧新建木便桥一座，木桥通车后拆去旧窑桥。拆除旧窑桥时调查了桥梁的内部状况，桥面中的木纵梁为黄花松方木。除底面有1~2厘米深的腐朽层外，其他面基本无腐朽。纵梁上平墁单层城砖，上面为石板面层。石板下和砖缝内充满石灰，未发现漏水现象。桥台和翼墙的外墙面都是用单层条形石板砌成。石墙后面为石灰土，灰土的宽度不等，桥基和海墁是用单层花岗岩条形石板墁成的一个整体大平台。石板下是密布的小木桩，木桩之间填充掺有碎石片的石灰土。海墁上游边缘栽有一道立牙石，下游海墁大部分已毁。

新建木桥为4孔，桥长22米，桥面长15.8米，跨径为3.85米，桥宽9米。桥面做法以黄花松圆木为纵梁，梁上铺双层木桥面板，两侧装木栏杆。桥墩和桥台全部为黄花松圆木桩构成的排架，每排6根桩。桥台两侧各有八字翼墙桩两根。该桥由市市政设计院设计，市第二市政工程公司施工，1958年11月建成后，移交市养路工程事务所养护。

1959年9月，对木桥桥面进行维修，将双层桥面板改为在单层木板上铺装石灰焦砟面层。1963年8月，两次洪水将南桥台冲空。1964年5月，由市第二市政工程公司将木便桥南端加长4孔，并在两侧加宽出人行道，加长部分的结构与原桥相同。增设人行道的做法是在桥墩木排架外边各加1根圆木桩，桩上架横梁反搭于原桥面上，再架木纵梁于其上。横铺单层木板与桥面相连接，人行道外边安装木栏杆。扩建后的桥面长为31.2米，全宽11米，其中车行道宽8.7米。两侧人行道各宽1.5米。

1965年，南护城河疏浚，左安门外河道裁弯取直，在原城门外新建一座3孔混凝土梁式桥，其上部结构中的车行道为预制的钢筋混凝土T形梁，每孔6片梁，梁间的翼板边缘上预留有联结钢筋环。T形梁安装后，在接缝上横向穿入联结钢筋，然后再满铺钢筋网浇注混凝土面层，构成3孔简支桥面体。两侧人行道为每孔各2片预制的钢筋混凝土I形梁，梁间上下各搭以钢筋混凝土预制板组合成单室箱形简支梁，梁上铺装水泥砖人行道。外侧安装混凝土桥栏杆，桥台和桥墩各为3根钢筋混凝土灌柱桩，桩上各筑一道断面为倒"凸"字形的钢筋混凝土盖梁。桥台桩的后面砌 U 形块石挡墙。T 形梁的支承点采用钢板曲面支座,各孔南端均为固定支座,北端为活动支座。桥梁的设计荷载为汽 -18 级、拖 -80 级。桥梁工程由市市政设计院设计,市第二市政工程公司施工。1965 年 6 月开工,同年 12 月建成通车。1966 年 1 月,验收后由市市政工程管理处接管养护。此次修建混凝土桥梁施工中,挖出了明嘉靖三十二年(1553 年)所建的左安门弯桥。桥面已不存在,桥台和八字翼墙用城砖砌成,墙面自下而上砌砖有收份,砖墙后面为石灰土,桥基和海墁为单层花岗岩条形石板铺墁成的整体平面,上下游边缘损坏。石板下有密布的小木桩。

右安门弯桥

位于右安门内大街南口,跨于护城河上。该桥始建于明嘉靖三十二年(1553 年),历经 400 多年,几经改建,今仍沿用原名。

明嘉靖三十二年(1553 年),修筑外城城墙和开挖护城河期间,在右安门外的护城河上建桥梁一座,当时的弯桥为单孔砖台木面桥。嘉靖四十三年(1564 年),加筑右安门瓮城,改河道于瓮城外,同时移建桥于瓮城箭楼外。桥梁结构改为石台木梁。

民国时期的桥梁建设与管理属市工务局。据档案记载,"民国五年一月,右安门弯桥剔换木梁"。民国二十五年(1936 年)九月的《桥况月报》中亦有"右安门弯桥,桥幅 5 公尺,基本完整"的记载。

1951年,由市建设局养路工程事务所进行桥梁全面调查,并建立技术档案。当时该桥为单孔石台木梁石面桥,桥面西侧的桥台前墙上有闸板口,上面的绞关石架已折断。桥台及翼墙全部为花岗岩条形石板砌成。桥台宽约10.3米,桥面宽5.1米许。净跨径约3.3米(墙面已变形),桥下有石板海墁。桥面状况为密排方形木梁,上面为横铺花岗岩条形石板,两侧有城砖砌护栏。1953年由市养路工程事务所拆去砖护栏,改成木栏杆,同时用混凝土补修缺损的桥面石板。1955年7月至8月,又向西边加宽桥面,加宽后桥面宽度为7.8米。

1963年汛期,桥严重阻水,于是在1964年4月至12月,由市第二市政工程公司拆除弯桥,改建成一座木桥。在拆桥中发现桥梁中大部分为松木梁,梁上铺墁一层城砖,上面是石板。桥台外表为石板墙,内侧有城砖砌成的加强墙(背砖),砖墙后面有石灰土。桥基和海墁是一整体平台,上面是单层花岗岩条形石板,下面有密布的小木桩,俗称梅花桩。拆除时海墁及桥基平整稳固。

改建后的弯桥,是一座8孔木桥,全长45.6米,桥面长32.6米,桥宽9.5米。下部构造全部为木桩排架,上部构造为圆木纵梁,梁上铺单层木板,上面铺石灰焦砟面层,两侧步道为单层木板,外侧设木栏杆。1965年3月,由市市政工程管理处接管养护,同年9月翻修桥面,拆去焦砟面层,重新铺石灰焦砟为垫层,铺墁混凝土大方砖为面层。

1966年南护城河疏浚工程中将右安门外的河道裁弯取直,

因而将木桥拆除，在其北端新建一座3孔钢筋混凝土梁式桥。此工程由市市政工程设计院设计，市第二市政工程公司施工，1966年1月开工，5月竣工。施工中挖出了明嘉靖三十二年（1553年）建成的弯桥。

建成后的右安门弯桥，全长46.55米，宽12.2米，其中车行道宽8.7米，两侧人行道各宽1.75米（含栏杆），中孔跨径为16.8米，两边孔跨径各为10米，上部结构中的车行道分为预制的简支钢筋混凝土T形梁，其中两边孔各为5片钢筋混凝土宽腹T梁，中孔为5片预应力钢筋混凝土T形梁，梁上铺筑沥青混凝土面层。两侧人行道下各孔均采用两片钢筋混凝土I形梁，再搭以预制钢筋混凝土组合成单室箱形梁，以备敷设管道、梁上铺装九格水泥砖为人行道面层。人行道外侧安装钢筋混凝土桥栏杆。下部构造全部采用钢筋混凝土方形桩，桥墩为双排桩，每排9根桩，桩上共筑一道钢筋混凝土盖梁，桥台为9根单排桩，桩间及桥台两侧砌块石挡墙，构成U形桥台。桥梁的设计荷载为汽-18级、拖-80级。该工程竣工时，正值"文化大革命"开始，故未及时验收，推迟到1968年9月才由市市政工程管理处验收接管。

到20世纪80年代，右安门外一带的建设逐年发展，交通量日增，桥梁的宽度满足不了交通需要，1983年10月26日上午7点50分，由于桥上车辆停滞，造成桥上行人拥挤，将桥东侧南段栏杆挤倒，有7人跌落到桥下。1984年5月底至6月初，由市市政工程管理处利用为抢修备用的装配式钢桁架梁，在桥的两侧各架设一座人行便桥。桥长39米，桁梁结构采用单层三排下承式，桥台为砖砌体重力式。桥梁安装采取牵引法过河就位。由于桥面板为木板，需经常维修，而且噪声较大。

永定门窎桥

永定门是原外城的正门，明嘉靖三十二年（1553年），修建外城城墙和护城河时，在永定门外建成一座单孔石台木梁桥，称为永定门窎桥。嘉靖四十三年（1564年）修筑永定门瓮城和箭楼，同时改河道绕瓮城而过，遂将窎桥移建于箭楼南面，仍为单孔石台木梁桥。

民国时期，该桥属市工务局养护，据档案记载，"永定门窎桥，桥幅8公尺。二十五年九月修桥面"。

1951年，由市养路工程事务所负责对桥梁进行全面调查。当时该桥是一座单孔石台木梁石面桥，但桥台上部有一部分城砖砌体。翼墙都是用石料砌成。桥面宽8.1米，两侧有城砖砌成的护栏。桥台已变形。净跨径3.3～3.45米。桥台前墙靠近西端处有闸口，但是被压在桥面以下。桥面上和桥头路均用石板铺砌。同年4月，由市养路工程事务所维修时改砖护栏为木栏杆，用混凝土补修桥面石板和桥头石板道上的车辙深沟，并调整部分石板高程。

由于南郊的建设发展很快，永定门的交通量增长较大，而城门洞和窎桥又较窄，为了适应交通需要，于1952年冬季，由市建设局道路工程事务所在城楼东边的城墙上开辟一豁口，次年4月在豁口外建成一座木便桥。木桥工程由市建设局技术处设计，市第三道路工程公司施工。该木桥为两孔，桥面长 7.85 米，跨径 3.85 米，桥宽 7.2 米。木桥通车后，将弯桥拆除，拟改建成一座永久性桥梁，后来由于北京市各界人民代表会议中的几位代表提出在中轴线上的建筑物应保持原貌的建议，所以弯桥的设计方案没及时确定，新桥也就没有建成。

1953 年 8 月，由市养路工程事务所将木便桥接管养护。木便桥原计划只是在弯桥改建工程施工期间作为临时便桥使用，其宽度和孔径都不能满足长期使用的要求，1957 年 8 月，洪水将桥头冲毁。同年 10 月至 11 月，由市第三道路工程公司将木便桥扩建。扩建后的木便桥仍为两孔，跨径改为 4.15 米，桥面长 8.7 米，桥宽为 10 米。其中车行道宽 7 米，两侧人行道各宽 1.5 米。由于跨径加大，纵梁采用双层圆木复合梁，梁高 36 厘米。又因当时圆木不足，在 5 根圆木梁的两边各铺设两根由 3 块木板组成的矩形断面梁，每孔共 9 道梁，梁上铺 6 厘米厚的木板，再以石灰焦砟为垫层铺墁混凝土大方砖为面层。人行道的做法是在圆木纵梁上铺单层木板，其外边设木栏杆。下部构造为木桩排架，北桥台的新桩设在旧桥台桩的前面，将旧桥台埋在新桥台背后，以增强抗压能力。新桥台为带八字翼墙的形式，其中桥台桩 8 根，翼墙桩各 3 根，桥墩 8 根。设计荷载为汽-10 级，竣工后即由市道路管理处接管养护。

当时的经济建设发展较快，交通量增长迅速，新桥建成仅使用一年多又不能满足交通的需要，故于 1959 年在原来位置建成一座较大木桥。便桥暂不拆除,以备修建永久性桥时继续使用。此次建成的永定门木桥为4孔,桥面长22.4米,全长26.22米。中孔的跨径为5.6米,边孔的跨径为5.45米,桥宽24.5米,其中车行道宽18米,两侧人行道各宽3.25米(含栏杆)。上部构造中的车行道下采用双层圆木复合梁,每两根梁连接成一组,每孔6组。梁上铺单层桥面板,上面以石灰焦炸为垫层铺墁混凝土大方砖为面层。步道下原设计在两边各用3道预制简支钢筋混凝土槽形梁,槽内敷设给水管和电缆管,梁上盖以预制钢筋混凝土板,上面铺装人行道面层。人行道外侧设预制的钢筋混凝土望柱、栏板和抱鼓组成的节间式桥栏杆。施工中又变更设计,改混凝土梁为圆木梁,将给水管和电缆管吊挂在木梁下,梁上铺木板为人行道。栏杆改为木制,其形式为简单节间式。下部构造全部为木桩排架,桥台和桥墩桩各为单排12根,翼墙桩各为3根。桥台前砌块石护坡,桥下砌块石海墁。此工程由市市政设计院设计,市第二市政工程公司施工,1959年6月正式开工,8月竣工。通车后经验收由市市政工程管理处接管养护。

1965年为配合南护城河疏浚工作,改木桥为混凝土桥。因河道要裁弯取直,故将新桥位设在木桥以北,该工程仍由市市政设计院设计,市第二市政工程公司施工。此次施工中挖出了明嘉靖三十二年(1553年)修筑外城城墙时修建的永定门窝桥。这是一座单孔桥,花岗岩石板砌成的桥台和翼墙尚残存大部分,但已松动变形,根据残存桥台的构造判断,该桥应属石台木梁桥。

新建的永久性桥是一座3孔钢筋混凝土梁式桥,全长61.4米,跨径均为16.8米。桥宽22.3米，其中车行道宽16.2米，两侧人行道各宽3.05米（含栏杆）。上部结构中的车行道，为预制简支钢筋混凝土T形梁，梁长16.76米，每孔11片梁，梁上直接铺筑沥青混凝土面层，两侧人行道各用4片预制简支钢筋混凝土I形梁，上下搭以钢筋混凝土板组合成3室箱形梁。梁间敷设给水管和电缆管。梁上铺装水泥砖人行道面层，两侧设钢筋混凝土预制件组装的桥栏杆。桥台为双排钢筋混凝土方形桩，每排11根，桩顶浇注钢筋混凝土整体盖梁。桩间及桥台两侧砌块石挡墙构成U形桥台。桥墩为钻孔灌注钢筋混凝土桩，河床以上部分套以混凝土管，灌注钢筋混凝土成为圆形墩柱。7根柱为一墩，上部浇注钢筋混凝土盖梁。纵梁支点处设钢板支座。桥台前铺墁混凝土大方砖护坡，桥下砌块石海墁。桥梁的设计荷载为汽-18级、拖-80级。此工程于1965年10月开工，1966年3月竣工。竣工后，拆除木桥，并填平了河道。该工程施工中实行施工、设计、养护三结合管理，所以竣工后随即验收，由市市政工程管理处接管养护。

新建的混凝土桥，工程质量较好。建成后多年未实施中修工程。1990年在拟订南厢道路工程中的永定门立交桥工程设计方案时，市规划设计院对桥梁主体进行检查，未发现明显损伤，故决定该弯桥继续使用。

广安门窝桥

广安门是原外城的西门，城门外的护城河上建有一座窝桥。该桥始建于明嘉靖三十二年（1553年）。当时桥梁的名称随城门的名称广宁门而称为广宁门窝桥。初建的窝桥是一座单孔砖台木梁桥。嘉靖四十三年（1564年）增建广宁门瓮城，同时改河道绕瓮城而过，并移建桥于箭楼西面，改建成石台木梁石面桥。到清代后期，因广宁门改名为广安门，桥名亦随之改为广安门窝桥。

民国时期，该桥属市工务局管理和养护。据民国二十五年（1936年）八月的《桥况月报》记载，"广安门窝桥，桥幅11.5公尺，基本完整"。

1949年1月31日，北平和平解放，2月3日中国人民解放军举行盛大入城式。炮兵和坦克兵通过广安门窝桥进出北京城。1949年4月1日，成立北平市建设局，当月立即对广安门窝桥进行整理，这是市建设局成立后修理的第一座窝桥。1949年10月1日开国大典和1950年国庆节，参加受检阅的坦克部队都曾通过该窝桥。

1951年春季，市建设局养路工程事务所进行桥梁全面调查，并建立技术档案。当时的广安门窝桥是一座单孔石台木梁石面桥，桥台是带八字翼墙的形式，都是花岗岩条形石板砌体，桥台前墙（金刚墙）宽15.3米，桥下有石板海墁。桥面为密排方形木梁，上面铺花岗岩石板面层。两侧有城砖砌成的护栏，护栏上有盖顶石，折角处有护角石，栏端有迎面石。桥面长4.5米，净跨径3.3

米。桥宽 11.8 米，桥下净高 3.6 米。

1951 年 8 月至 9 月，由市养路工程事务所将桥面翻修，并加宽人行道。此次翻修工程原计划用圆木纵梁更换旧方木纵梁，梁上铺木板，取消石板座面层，改做缸砖面层。桥面拆开后，发现石板下有两层城砖平铺于纵梁上，用纯石灰灌实。纵梁为 29 根方形黄花松木密排而成。木梁宽 40 厘米，高 50 厘米，梁长 4.47～4.53 米，其中有 22 根梁的底面有约 1 厘米厚的腐朽层，另有 7 根梁除底面有约 2 厘米厚的腐朽层外，梁端上楞有约 3 厘米深的朽痕。经验算原结构可以通行车辆，遂将旧梁的腐朽层清除后涂以煤焦油继续使用。梁上铺 10 厘米厚的木板，仍利用旧石板作为面层，将石板的上面加工找平，用水泥浆灌注铺墁。修复后将这部分桥面作为车行道，两边各架圆形松木为纵梁，上面横铺单层木板构成人行道，人行道各宽 1.5 米，外边设木栏杆。翻修后桥面全宽 14.5 米，桥面长仍为 4.5 米。

20 世纪 50 年代的京保（定）路以广安门为起点，这里的交通发展很快，为适应需要，1953 年 6 月至 7 月，由市道路工程公司在瓮城南侧的城墙上开辟一豁口，并在豁口外的护城河上修建一座木桥，称广安门木便桥。原弯桥仍保留，供出城车辆通行，木桥供进城车辆通行。木便桥为 3 孔，其跨径均为 4.8 米。桥面长 15 米，桥宽 7 米，无人行道。上部构造采用双层圆木叠合梁，梁上横铺一层木桥面板，上面再顺铺一层面板。两侧设木栏杆。下部构造各以 5 根木桩构成排架式桥墩和桥台。便桥工程由市建设局技术处设计，设计荷载汽-10 级。桥梁通车后移交市养路工程事务所养护。

两年后交通又有发展,不仅弯桥有阻车现象,广安门外道路的宽度也不能适应交通的需要。1955年,在展宽广安门外道路工程中,将弯桥也相应加宽。做法是拆除人行道,车行道桥面未动,向北侧加宽2米至桥台边,向南侧加宽1.5米至桥台的南边,用黄花松圆木做纵梁,梁端下面各置一根断面长、宽均为20厘米的方形木枕梁。梁上铺单层7厘米厚的松木板,板面高度与旧方形木梁齐平。木板上砌砖与石板桥面平,然后全桥满铺沥青混凝土面层。车行道两边另架圆木纵梁于翼墙上,横铺单层木板为人行道,人行道宽1.5米,外边设木栏杆。加宽后桥面全宽17.6米,其中车行道改为14.6米。此次弯桥加宽工程由市道路工程公司施工,于1955年11月开工,12月竣工,经市建设局组织验收后由市养路工程事务所接管养护。

1956年,疏浚前三门护城河及外城西护城河工程中,为使河道裁弯取直,将广安门瓮城和弯桥拆除,又在旧弯桥以东建成一座新弯桥。在拆除旧弯桥过程中,对桥梁内部结构情况作了调查记录。在新建广安门弯桥工程施工中,挖出了明嘉靖三十二年(1553年)修筑外城城墙时所建成的广宁门弯桥。但是桥面已不存在,桥台上部也已损坏。桥台的前墙(金刚墙)和八字翼墙(燕翅)都是城砖砌体。

新建的木桥为8孔,全长39.5米,桥面长32.5米,跨径为3.8米。桥面全宽18米,其中车行道宽15米,两侧人行道各宽1.5米。桥梁设计荷载为汽-13级、拖-60级。上部结构中的车行道部分,采用双层黄花松圆木叠合梁，每孔 23 根梁，梁上铺 7 厘米厚的木板，再以石灰焦昨为垫层铺墁混凝土大方砖面层。两侧人行道的做法是用圆木做纵梁，上面横铺单层木板。步道外边设木栏杆。由于河床较深，桥墩采取在木桩上接高木排架的做法，每个桥墩有 12 根承重桩和两根戗桩，上接的木排架也是用 12 根直立柱和两根斜戗桩构成。由于木桥较长，为了增强其稳定性，将中间的一个桥墩做成双排架结构，两排桩的间距为 1.7 米。桥台由 12 根承重桩和两根边桩组成，另有八字翼墙桩各两根。该工程由市市政设计院设计，市第三道路工程公司施工，新桥通车后由道路公司将木便桥拆除。此项工程于 1956 年 5 月开工，8 月竣工。竣工后由市建设局主持验收，由市养路工程事务所接管养护。

广安门篱桥不仅通行的车辆较多，而且行人也很多，人行道木板磨损很快，每隔两个多月就需更换一次，为此市养路工程事务所于 1957 年 4 月开始研究试制铅丝网混凝土人行道板以代替木板。几经试验，于同年 6 月正式生产并推广使用。实践证明这种人行道板的更换周期在 5 年以上。1957 年 8 月，市养路工程事务所又试用氟化钠防腐膏对全桥进行防腐处理，并将全部木桩的常水位段用缠带法防腐。

1965 年，将木桥改建成一座 4 孔混凝土梁式桥，改建工程由市市政设计院设计。上部结构中的车行道部分，采用预制钢筋混凝土 T 形梁，梁长 16.76 米，梁宽 1.49 米，梁高 1 米。每孔 10 片梁。两侧人行道下各采用 3 片简支预制钢筋混凝土 I 形梁，再搭以钢筋混凝土板组成两室箱形梁，以备敷设管线。T 形梁上直接铺筑沥青混凝土面层。由 I 形梁组合成的管道箱上面，铺装九格水泥砖人行道面层。其外侧安装预制钢筋混凝土桥栏杆。桥墩采用双排断面长 35 厘米、宽 30 厘米的钢筋混凝土方形桩，每排 15 根，在两排桩上浇注一道整体钢筋混凝土盖梁。桥台为 15 根单排桩，桩的规格与桥墩桩相同，桩上筑钢筋混凝土盖梁。桩的后面砌块石 U 形挡墙。梁端支点全部采用钢板支座。桥梁设计荷载为汽-18 级、拖-80 级。桥梁全长 63.4 米，跨径均为 16.8 米，桥宽 22.3 米，其中车行道宽 16.2 米，人行道（含栏杆）各宽 3.05 米。此项工程由市第二市政工程公司施工，1965 年 7 月开工，11 月竣工。该工程施工中实行施工、设计、养护三结合管理，以施工单位为主，由设计和养护部门互相配合，共同进行技术质量管理。竣工后由市市政工程局主持验收工作，首次实行了验收工程及竣工资料同时进行，交由市市政工程管理处接管。该桥设计承载力潜力较大，施工质量比较好。

建成后多年来虽承担着繁重的交通负荷，但主体结构从未发生过受力损伤，也未实施过中修工程。1989 年在西厢道路工程规划设计中，要在原广安门处修建一座道路立体交叉设施，1990 年 10 月拆除广安门窑桥，从此广安门窑桥不复存在。

喜凤桥

位于原东便门内，太平宫（俗称蟠桃宫）的门前，跨于前三门护城河上。该桥是一座 3 孔石拱桥。据 1936 年北平市工务局档案记载，喜凤桥始建于明代，民国二十五年（1936年）因石桥局部损坏严重，实施大修工程。

中华人民共和国成立后，该桥由市养路工程事务所养护管理。接管工务局的档案中有资料记载，1936年曾进行大修工程，改石栏杆为砖砌栏墙；整修分水石及部分石板海墁；复位燕翅石墙，修整燕翅以外的护岸砖墙；翼墙外侧培土整修河坡。石桥长34.8米。其中桥身长25.6米，两端的桥堍各长4.6米。桥身宽10.05米，栏杆内净宽7.15米。桥两头的宽度为13.4米，其栏杆净宽10.5米。中孔跨径4.1米，其矢高为2.15米，边孔跨径为3.6米，矢高为1.95米。桥墩宽3.7米，桥墩两头均为尖端，全长14.5米，墩高1.6米，桥台前墙长12米，上游燕翅长6米，下游燕翅长5米。上下游海墁边沿距桥身均为2.8米。

1951年春季进行桥梁普遍调查，当时该桥是一座3孔石拱桥，砖砌栏墙，花岗岩条形石板横向铺砌的桥面，石板很稳固，但有较深车辙。桥身段的桥面纵坡度较小，约为3%，其两端和桥堍段的桥面纵坡度较大，均为5%。石板桥面的两头各有一道立牙石，金边为双层。侧墙和翼墙为花岗岩石板砌筑，基本完整。3孔拱碹均为半圆拱，碹脸的龙门上各有一个石雕龙头。碹脸上有拱眉。桥台为带燕翅形，桥墩的两头都是尖形，桥墩和桥台基本完好。石桥的各部尺寸与旧档案中的桥梁尺寸相符。

1954年5月整修东便门内外道路工程中，对该桥进行了全桥勾缝、修补石板面上的深车辙等维修工作。

1958年为修建进出北京站的铁路而使护城河改道，由市上下水道工程局实施河道移位工程，同时将喜凤桥拆除，在原石桥以西新建一座单孔混凝土梁式桥，命名蟠桃宫桥。

东大桥

位于朝阳门外关厢东口，跨于二道沟上游的南岔支渠上。据民国时期档案记载，东大桥在朝阳门关厢外，依碑记所载，此桥属明朝所建，清朝修筑通往东陵石板道时重修。石桥原系5孔，民国六年（1917年）修建京津大道时（当时称为博爱路），将5孔的东大桥改建成3孔。据1936年北平市工务局的桥梁状况档案中记载，东大桥位于朝阳门外二里，即朝阳门至大黄庄路上。桥梁类型为石板桥，桥跨3孔，桥面以石板为梁，桥脚全部为石砌。桥幅6米，载重10吨，基本完整。

1951年春季，由市养路工程事务所进行桥梁普遍调查，该桥是一座3孔石板梁桥，桥上两侧有砖砌护栏墙，桥面为花岗岩条形石板梁，每孔为9块石板梁，桥墩和桥台均为花岗岩石板砌筑。桥台带燕翅，桥墩的两端均为尖形，桥下有石板海墁，桥面长7.5米，全长16米，桥宽6.5米。

1953年8月至10月，市建设局工程处东郊工程事务所在修筑朝阳门至东大桥粮食市场（今关东店）道路的工程中，将东大桥向南北两侧加宽。加宽工程利用拆除石板道的花岗岩条形石板砌筑桥台和桥墩，桥台仍带燕翅石墙，桥墩接长后两端仍为尖形，加宽部分的桥面采用黄花松圆木为纵梁，梁上铺木板及石灰焦砟，全部桥面铺筑沥青混凝土面层，两侧安装木栏杆。加宽后桥宽为16米。

1956年5月，由市养路工程事务所将桥面全部改换钢筋混凝土板梁，仍为3孔，每孔为16块预制钢筋混凝土板梁，两侧安装钢筋混凝土桥栏杆，板梁上铺筑沥青混凝土面层，改建后桥梁全长仍为16米，桥宽仍为16米，桥面净宽15.4米。桥梁面积为256平方米，桥梁的设计荷载为汽-10级、履带-50级。

1958年，在二道沟上游的南北支渠改建成暗沟的工程中，将东大桥拆除。拆除桥梁过程由市养路工程事务所记录了桥梁的内部构造，发现原有的两边孔的下部构造依然存在。挖出的明代修桥石碑，交由市文化局收存。

红桥

位于香山北辛村，俗称北辛村桥，据1936年8月的北平市工务局《桥况月报》记载，红桥位于香山北辛村，属青龙桥至香山路上的一座石板桥。桥面为石板，桥脚为石砌，桥幅5.5米，桥况完整。石桥南北向。

北平解放以后，1949年6月至8月，北平市建设局负责修筑颐和园至香山的沥青混凝土路。在此期间，对红桥实施维修。

1951年春季，由市养路工程事务所进行桥梁普遍调查，该桥是一座5孔石板梁桥。桥面为花岗岩石板，每孔以8块板为梁，两侧有罗汉板石栏杆，桥台和燕翅为花岗岩条形石板所砌，桥墩为花岗岩条形石板砌筑的实体，其西端为上游有分水尖，下游端为方形。桥下有石板海墁。桥面长 14.3 米，全长约 18 米。桥面宽 6.42 米，栏杆内净宽 5.48 米。由于桥墩略有变形，故对桥梁的跨径稍有影响，各孔跨径由北向南依次为 1.71 米、1.83 米、1.9 米、1.9 米、1.6 米。4 个桥墩的宽度基本相等，宽约 1.15 米，桥墩长均为 7.4 米。桥台前墙长 6.9 米。栏板的地栿为矩形断面，上面宽 34 厘米，高约 18 厘米。地栿的中段长 14.3 米，两端的八字地栿长 2.8 米。栏板每侧由 7 块石件组成。中段栏板为 5 件，两端各为 1 块仰鼓式八字栏板。每件栏板以中板为最长最高，板长 3.25 米，向其两端对称地依次减小，其板长依次为 3.15 米、2.45 米、2.3 米。

1983 年 3 月，香山饭店的重型汽车将桥面石板梁压断 4 块，由饭店的建筑工程队将压断的石板用钢筋混凝土板梁修复。同年 5 月，香山饭店的汽车再次将石板梁压断 3 块。同年 6 月，海淀区水利局治理该桥上下游的河道，将河道缩窄，两岸用块石砌筑挡墙将石桥的边孔堵塞，尚余中间 3 孔排水。同时将桥面改为钢筋混凝土板梁，原有石栏板未变动。

双桥

位于双桥村以北、跨于通惠河上的一座桥梁。通惠河在花园闸和普济闸之间，河道向北有一段凸弯，似龙背形，故俗称这段河道为老龙背。双桥正建在老龙背的最高处。因为当初该桥是并排的两座桥，故通称双桥。桥南路西有双桥村，路东为老龙背村。清代《日下旧闻考》记载，"双桥在柳巷之西，通州、大兴界也"。

1938年至1940年期间，伪华北建设总署修筑北起三间房、南至南苑的警备路，将双桥的木桥面和南端的桥台拆除，改建成两座木桥。

1950年，由中央人民政府指示北京市人民政府加固双桥。市建设局道路科对双桥改建工程做出设计，由市建设局道路工程事务所施工，于1950年10月至1951年1月间，将原木桥及其北端的石桥台拆除，重建成1座木桥，但桥名仍称双桥。新桥全长40.5米，桥面长34.5米，共9孔，跨径为3.8米，桥面宽为9米。下部构造全部为木桩排架，各以7根圆木构成排架式桥墩和桥台，桥台两侧各有3根八字翼墙桩。桥面主梁采取两孔为一联的连续圆木纵梁，梁上铺双层木桥面板，外侧安装木栏杆。桥梁的设计荷载为汽－10级。

此次拆除的石桥台是两座桥合用的一个整体桥台，桥台全部用花岗岩石板砌成，其东西两端已破损成断茬。两座桥之间的桥台中有一段为阶梯。桥台的单墙自下而上层层有退台。桥台石墙的后面是用城墙砖砌筑的加强墙，砖墙的后面为石灰土。桥台的上面全部铺砌一层花岗岩石板。桥台前的石板海墁，大部分已经在1939年修桥时拆除，剩余的部分海墁与桥台基础是一层整体石板平面。石板下面为密布的小木桩。桩间上部有一层石灰土。桥台中拆出的城墙砖，经市文物整理委员会鉴定，此类城墙砖属明代早期所烧制，依此双桥应为明代所建。新木桥建成后，由市建设局养路工程事务所接管养护。

　　1959年，计划将木桥改建成永久性桥梁，确定由市第二市政工程公司施工。永久性桥梁施工前，市第二市政工程公司在木桥的东侧设计并施工了一座疏导交通的施工便桥，该便桥为木便桥，全桥共为10孔，全长69.3米。边孔跨径各为5.75米，其他各孔的跨径均为5.6米。桥面宽为4米。桥面纵梁为双层黄花松圆木束合梁，每孔6道梁，梁上铺双层木桥面板，两侧安装木栏杆。桥墩和桥台全部采用木桩排架式构造。桥台采用双排桩，前排5根为承重桩，后排5根为挡土桩，于其两侧各有4根八字翼墙桩。桥墩各为木桩上接高排架式做法，其中第一、第五、第九号桥墩各为5根桩，桩上置一根圆木横梁，上面接5柱式排架。第三和第七号桥墩为双排架加强墩，每榀排架的做法与上述3个桥墩的做法相同，其余的4个桥墩各为7根桩，中间的5根为承重桩，外边的两根为戗桩，7根桩上共置1根横梁，上面接高5根立柱和两根戗柱，构成T柱式排架墩。便桥的设计荷载为汽-10级。该便桥于1959年12月开工，1960年1月完工。便桥建成后，永久性桥梁暂停施工遂将本便桥交由市道路管理处养护与原有的木桥同时通行使用，又形成两座桥梁并存的双桥。

　　1963年8月9日，旧木桥的南桥台被洪水冲空，洪水退下以后于1964年1月修复。

　　1973年，市市政设计院做新建双桥工程设计，由市第二市政工程公司施工，将正路上的木桥拆除，在原桥位上建成一座3孔钢筋混凝土桁形托架式桥。其上部结构采用4道连续钢筋混凝土矩形纵梁，在桥墩上，每道梁的下面设一榀三角形桥架梁托。纵梁之间有横系梁，纵梁上搭预制钢筋混凝土薄板，上面浇注钢筋网混凝土面层。两侧设人行道和桥栏杆。下部构造各以两根混凝土灌注桩构成双柱式钢筋混凝土桥墩和桥台。桥台桩的后面用块石砌筑重力式 U 形挡墙。桥台前及翼墙外侧砌块石护坡。桥梁的设计荷载为汽 -15 级、挂 -80 级。桥梁全长 60.8 米，桥面长 54 米；中孔跨径为 23 米，边孔的跨径各为 15.5 米。桥梁宽 9 米，其中车行道宽 7 米，两侧的人行道包括栏杆各宽 1 米。桥梁面积为 547 平方米。

该工程于 1973 年 5 月开工。进入汛期后连降大雨，由于河中水位长期较高，只得增加河水导流工程，致使钻孔灌注桩作业推迟实施。1974 年 6 月，桁架形梁托已安装，河中水位较高时有阻水现象，又适遇水中有漂浮物撞击梁托，于是有人提出变更设计的问题，因此又拖延一段工期，最后仍按原设计，于 1974 年 8 月建成。同年 9 月通过工程验收，由市市政工程管理处接管养护。由于该桥有阻水现象，故被列为桥梁防汛重点项目之一。

1987 年 6 月初，超重车辆将该桥北起第一孔和中孔的桥板压坏，于当月修复通车。

五孔桥

原系北京城西跨于南旱河上的一座 5 孔石板梁桥。《宛平县志》记载，"从卢沟桥去往京北……过五孔桥""南旱河五孔桥，清代所建"。

20世纪30年代，北平市工务局在其《桥况月报》中多次记载，"五孔桥，属阜成门至黄村道路，跨南旱河，石板桥，桥幅5公尺，基本完整""五孔桥位于西郊，地处北平市与河北省宛平县分界处，北平市辖少半部，宛平县管多半，此次修理由北平市出资250.5元，仅维修栏杆，桥台与桥面尚好。民国二十七年四月十一日""1939年修筑五棵松通往西苑飞机场的道路通过五孔桥"等。

1950年，市建设局在修筑五棵松至玉泉山道路中央大路工程中，将五孔桥向西北侧加宽，并将桥面改建成钢筋混凝土板梁。

1955年，永定河引水工程开挖的渠道利用了部分南旱河旧河道，其中五孔桥附近的一段旧河道因改道而废弃，桥也随之失去作用。五孔桥迤北，在亮甲店村西旱河上曾有一座5孔漫水石板涵洞。这里是运煤骆驼过河的地方，枯水季节也可以通行车辆，永定河引水工程中将阜成门至黄村的道路改在此处过河。因河道挖深加宽，故将石板涵洞拆除，新建一座5孔木桥，木桥建成后取名五孔桥，原五孔桥两边的河道变成农田，石桥也渐被埋没，至今仍埋在路面以下。

新建的木桥是一座5孔斜桥。桥面的斜度为76度50分。桥位设定在规划道路以北，为以后修建永久性桥梁预留出位置。桥梁上部构造中的车行道部位，采用双层圆木组成的叠合梁。每孔21根梁，梁上铺双层桥面板。两侧人行道的做法是以圆木为纵梁，上面铺单层木板。外边设木栏杆。下部构造均以木桩排架为桥台和桥墩，每个排架由7根桩构成。桥台两侧各有八字翼墙桩两根。

桥台前砌块石护坡，桥下砌块石海墁，向南与跌水相接。木桥长28米，跨径为4.5米，桥宽9.5米，其中车行道宽8米，两侧人行道各宽0.75米。木桥工程由永定河引水工程指挥部桥梁工程设计组设计，指挥部所属桥梁工程队施工。

1956年3月，北侧人行道和栏杆被汽车撞坏，由永定河引水工程队予以修复后，移交给市养路工程事务所养护。

1957年5月实施桥面小修工程，改车行道的双层桥面板为单层木板，上铺装石灰焦砟面层。1964年又改焦砟面层为混凝土大方砖面层。由于交通量逐年增大，而且重载车辆较多，木桥已不能满足交通的需要，又于1967年在木桥的南侧建成一座3孔钢筋混凝土板梁桥。由于规划道路与河道略呈斜交，故新桥仍为斜形，其斜度为76度50分。桥梁全长38.28米，桥面长27.08米，每孔跨径9米。桥宽11.5米，其中车行道宽9米，两侧人行道（含栏杆）各宽1.25米。桥梁面积440平方米。桥面结构全部采用简支预制钢筋混凝土空心板梁，每孔11块双圆孔空心板梁。其横向对接缝上设钢板焊接联结点。板梁上浇注钢筋网混凝土面层，桥面上两侧铺装人行道，外边安装钢筋混凝土桥栏杆。桥墩和桥台由两根钢筋混凝土灌注桩筑以盖梁而构成，盖梁为钢筋混凝土双悬臂形式。桥台桩间砌块石墙，两侧沿顺桥方向砌块石翼墙，将原块石海墁改建成混凝土海墁与跌水相接。桥梁设计荷载是汽−20级、挂−100级。此工程由市市政设计院设计，市第三市政工程公司施工。1967年4月开工，8月竣工。竣工后未进行验收。

1970年1月，因遇有超重车要通过此桥，市市政工程局会同设计、施工和养护单位对该桥进行了一次检查，发现桥面混凝土面层上沿板梁接缝出现裂缝，板梁底面产生横向裂缝，盖梁侧面产生斜向裂缝。经验算勉强达到设计承载能力，决定降低该桥荷载等级，按汽–15级设限载标志。从此由市市政工程管理处接管，并列入重点监测桥梁。

木樨地桥

复兴门外大街上的一座混凝土梁式桥，跨于玉渊潭至甘雨桥的河道上。该桥始建于1939年，是伪华北建设总署在开辟长安门（今复兴门）至"新市区"道路工程中修建的桥梁。当时由于车行道分为南北两条，中间为路树带，因而桥梁建于南北道路上各一座。当时此地属于木樨地自然村，故取桥名为木樨地桥。

两座桥梁都是单孔石台混凝土板梁桥，其结构完全相同，只是南桥的宽度大于北桥10厘米。桥面是整体浇注的钢筋混凝土板梁，无铺装，两侧安装混凝土仿罗汉板式桥栏杆。下部构造是用花岗岩石板砌成的U形桥台。桥梁长4.35米，跨径3.7米，南桥宽9.69米，北桥宽9.59米。两座桥的孔洞并不正对。北桥较南桥偏西，两桥之间的河道呈弯形。

1950年雨季，桥下河床被冲刷而见桥基。1951年6月，由市养路工程事务所将桥下铺筑混凝土海墁。同年汛期过后，由市建设局道路科作木樨地桥加长工程设计，市道路工程事务所施工，将南桥向西加长两孔钢筋混凝土箱形涵洞。在北桥两端各加长一孔钢筋混凝土箱形涵洞；涵洞端墙与原桥的翼墙对接齐平，将原有桥栏杆按原形式予以接长。两座桥加长后的长度均为17.2米，涵洞断面的宽和高均为3米。涵洞的长度各与原桥的宽度相等。

1956年因河道加宽，由市市政设计院设计，市第三道路工程公司将木樨地桥改建成两座各为10孔的木桥。两座木桥的结构完全相同，桥面构造均以黄花松圆木为纵梁，每孔11根梁，梁上横铺9厘米和12厘米两种高度的木板，形成上面有横槽的桥面板，上面铺筑沥青混凝土面层。两侧安装木制桥栏杆。下部构造全部采用圆木桩，每排用6根桩组成一排架桥墩，其中第五号墩为双排桩，两排桩的中距为1.5米。桥台为八字翼墙形，承重桩为6根，翼墙桩各为两根，其背面安装木挡板而成桥台，其后部有锚桩4根。桥长45米，跨径为3.8米，桥面宽9.3米。两座木桥的总面积为837平方米。桥梁的设计荷载为汽-10级。此工程于1956年2月开工，7月建成通车，竣工后移交给市养路工程事务所管理养护。

1965年，地下铁道一期工程沿复兴门外大街采取明槽施工，两座木桥均需拆除，由市第一市政工程公司按照原有木桥的施工图，在地下铁道工程施工范围以外又重建两座木桥。新建木桥除桥面铺装改为单层木板上以焦砟石灰为垫层、铺墁水泥大方砖外，其他各部位与原木桥完全相同。此工程于1966年1月开工，2月底竣工。新木桥建成后，仍由市市政工程管理处管理养护。两座旧木桥则由市市政工程管理处予以拆除。

依当时的城市建设规划，河道依然保留，地下铁道从河床下穿过，在地下铁道的隧道上修建一座永久性跨河桥。桥梁工程由市市政设计院设计，市第二市政工程公司施工，1967年春季即开始桥梁基础施工。由于桥梁工程是与地下铁道工程互相配合施工，到1968年12月桥梁工程才全面进行施工，1969年9月竣工。

木樨地新桥是一座3孔混凝土梁式桥，上部结构为简支钢筋混凝土T形梁和I形梁，每孔以22片预制T形梁作为车行道主梁，两侧的人行道下各采用4片钢筋混凝土I形梁组合成3室箱形梁。箱内用以敷设管道。车行道部分的桥面铺装为钢筋网混凝土面层。由I形梁组合成的箱形梁上铺墁水泥砖成为人行道，于其外侧安装混凝土桥栏杆。下部结构由于受地下铁道的隧道及其防漏水设施的影响，将车行道下的桥台和桥墩构造与人行道下的墩台构造分别采取不同的做法。为了减小桥台的自重，将车行道部分的桥台采用扩大的钢筋混凝土板基础和U形薄壁式台身。由于桥墩的总重量较大，不宜在隧道结构上设桥墩基础，故在隧道的南北两侧各做一个由3根混凝土灌注桩筑成的承台。南北两个承台上就地浇注一道钢筋混凝土矩形梁，如此构成一门式墩基础。在基梁两端的承台位置上各筑起1根钢筋混凝土圆柱形柱，同时在北侧承台的北面又设3根独立的混凝土灌注桩，于是每个桥墩就形成一排5根桩和柱。在这5根桩柱上浇注一道钢筋混凝土整盖梁。为了外观的完整，在南半部的基梁上竖立起3根不顶盖梁的钢筋混凝土圆形柱。这样从表面看起来，每个桥墩是由8根圆形柱所组成，实际上承重柱为5根。人行道梁下的桥墩和桥台，各为 1 根独立的混凝土灌注桩构成的钢筋混凝土 T 形柱。桥台桩的后面砌块石挡墙和翼墙。桥梁支座均为钢支座，桥梁的设计荷载为汽 -20 级，挂 -100 级。桥梁长 52.8 米，中孔径为 20.66 米。边孔的跨径各为 15.1 米。桥梁宽 43.4 米，其中车行道的宽度为 34 米，两侧的人行道（含桥栏杆）各宽 4.7 米。桥梁面积为 2291 平方米。桥梁建成后，未进行正式验收，也未向市市政工程管理处办理设施移交手续。1971 年夏季，西桥墩北端上方的 I 形梁端头被挤压损伤，同年 10 月由市市政工程管理处将损坏处予以维修，从此该桥即纳入市市政设施养护范围。复兴门外大街的道路恢复以后，由于北侧的地下铁道工程施工便道依然作为辅路保留，所以北木桥亦相应保留使用。南侧的木桥由于桥头已无道路，1973 年拆除。1989 年 4 月，将混凝土桥上的 4 道伸缩缝更换成钢齿型伸缩缝。

汇通桥

西大望路上跨越通惠河的一座钢筋混凝土梁式桥梁，该桥系伪华北建设总署于 1942 年 11 月修建。

中华人民共和国成立后，由市养路工程事务所负责桥梁养护与管理。1951 年春季，对桥梁进行普遍调查，当时该桥是一座 3 孔钢筋混凝土下承式板梁桥。其上部结构为简支整体浇注的钢筋混凝土槽形桥面构造。两侧各为一道立式板梁，两道板梁之间的底部每孔有 5 道横梁和桥面板，上面为车行道混凝土面层。

由于桥梁的上部结构为下承式，两侧板梁亦可作为桥栏杆。下部构造为混凝土实体桥墩和墩台。在四角的翼墙上各有1个弧形混凝土桥栏杆端柱，栏柱的迎面有"汇通桥"3个凹心字。桥面长28.9米，跨径为9.5米，桥梁宽7.2米，其中车行道宽6.4米。

该桥由于桥面宽度较小、桥下的过水断面较小等原因，于1963年拆除，在原桥位上重建一座钢筋混凝土梁式桥。旧桥拆除中发现其桥墩和桥台上均有圆木基桩。

新建桥梁工程由市市政设计院设计，市第一市政工程公司施工。1963年4月开工，12月竣工。

新桥仍为3孔，其桥面结构中的车行道部分为简支钢筋混凝土形梁，每孔13片预制T形梁。梁上直接铺筑沥青混凝土面层。两侧的人行道下均采用钢筋混凝土I梁组合成箱形梁，箱形梁的上面铺墁九格水泥方砖。人行道的外侧安装混凝土桥栏杆。桥梁的下部结构均采用钢筋混凝土方形桩，桩的断面长宽均为35厘米。桥墩各为双排共34根桩，桥台各采用单排17根桩。桩上筑钢筋混凝土矩形盖梁构成桥墩和桥台，桥台桩的后面砌筑块石重力式U形挡墙。桥台前和翼墙的外侧砌块石护坡，中孔各道梁的南端各设一组弧形面钢板固定支座，北端均为摆柱式活动支座。边孔的各道梁端下均采用油毡垫。桥梁的设计荷载为汽–18级、拖–80级。桥梁长54.9米，中孔跨径为22.2米，边孔的跨径为11.4米。桥梁宽25.3米，其中车行道宽18米，西侧的人行道宽3.8米（含桥栏杆），东侧人行道宽度为3.5米（含桥栏杆）。桥梁面积为1388平方米。

20世纪初的通惠河

建桥施工中,有一片22.16米长的T形梁在桥头移位时翻倒,造成一侧翼板损伤,另一侧翼板产生一道裂缝,遂将此片T形梁安装在中孔的西边梁位置上。为观察受损梁通车后的状况,竣工一年后,受损梁的裂缝未见明显变化。1964年12月通过工程验收,交由市市政工程管理处养护。

通惠河桥

东三环中路上的一座跨越通惠河的桥梁。1952年,新辟大北窑至双井道路工程中新建的一座木便桥。当时桥位设定的道路中线的西边,避开正式桥梁的位置。木便桥工程由市建设局技术室设计,市道路工程事务所施工。

该桥是一座6孔木结构桥梁,其桥面结构用黄花松圆木为梁,每孔15根,梁上铺双层木桥面板,两侧安装木栏杆,无人行道。下部构造全采用圆木桩,各以6根桩构成排式桥墩,桥台的承重

通惠河新貌

桩为6根，两侧各有3根八字翼墙桩。桥梁全长28米，桥面长23米，跨径3.8米。桥面宽7米，桥梁面积为196平方米。桥梁的设计荷载为汽–10级。木桥工程于1952年10月开工，1953年1月建成通车。由于正式桥梁的建设项目尚未确定，木便桥建成后即移交市养路工程事务所管理养护。

1954年4月，由市养路工程事务所实施桥面修理工程，拆去上层桥面板，以石灰焦砟为垫层，铺筑水泥混凝土大方砖为面层。

1958年4月20日，一辆运输钢材的平板挂车由北往南经过该桥，将北起第二孔的纵梁压断，挂车的尾部落入河中，将第二墩排架桩挤压倾斜，当时由市道路管理处进行抢修恢复通车。同年的6月至8月，由市第二市政工程公司施工，将全部桥面进行翻修加固，将纵梁更换成双层圆木复合梁，桥面铺装和桥栏杆仍按照原做法予以恢复，加固后，桥梁的承载力用拖车验算可达到拖–60级。

1962年，沿道路中线在正式桥位上建成一座3孔混凝土梁式桥。桥面主梁为简支钢筋混凝土T形梁和I形梁。每孔的两侧是由4片预制I形梁组合成的3室箱形梁，东侧是由3片I形梁组合成的2室箱形梁；两侧的组合箱形梁，其宽度相等。梁上铺墁水泥九格砖为人行道，每孔的中部为10片预制T形梁，梁上直接铺筑沥青混凝土面层成为车行道，桥上两侧安装混凝土桥栏杆。桥墩采取钢筋混凝土低桩承台圆柱式构造。其承台各以两排共42根钢筋混凝土方形桩构成，桩的断面长30厘米，宽35厘米。承台上的桥墩分别是在6根钢筋混凝土圆形柱基上筑整体盖梁而成。桥台的构造各为单排14根钢筋混凝土方形桩，桩上筑整体盖梁。桥台桩的后面用块石砌筑重力式U形挡墙，桥台前和翼墙的外侧砌块石护坡。中孔各道梁的下面均采用钢支座，边孔的跨径较小，各道梁端的下面均采用油毡垫。桥梁的设计荷载为汽-18级、拖-80级。桥梁全长53.14米，中孔跨径22.2米，边孔的跨径11.4米，桥梁宽20米，其中车行道宽14米，两侧的人行道（包括桥栏杆）各宽3米，桥梁面积1063平方米。

桥梁工程由市市政设计院设计、市第一市政工程公司施工，1962年10月开工兴建，1963年4月竣工。竣工后即进行工程验收，并移交市市政工程管理处管理养护。

1979年，配合按规划沿道路东侧敷设的管道工程，将桥梁向东实施加宽工程。由市市政设计院设计、市第四市政工程公司承建施工，1979年11月开工，1980年6月基本建成。由于桥上的管道敷设工期较长，桥梁加宽工程至1983年8月全部竣工。

竣工后即进行工程验收，同时将加宽工程的竣工资料移交市市政工程管理处。

加宽部分的桥梁下部结构各以两根混凝土灌注桩构成双柱式墩和桥台。桥台桩的后面用块石砌筑重力式挡墙和翼墙，桥台前和翼墙的外侧砌块石护坡。其上部结构是将原有东侧的箱形梁拆卸并移至加宽部分的东侧，仍作为敷设管道之用，其余部分均采用与原桥相同规格的预制钢筋混凝土 T 形梁，每孔 6 片梁，其中原桥墩台上为两片梁，新加宽的墩台上为 4 片梁。新旧梁之间仍采用焊接点联结方式。T 形梁上直接铺筑沥青混凝土面层，箱形梁上浇注一层小砾石混凝土，上面做出九格砖形方格。东侧的桥栏杆按照西侧栏杆的形式予以恢复。加宽后的桥梁全宽为 30.33 米，其中车行道的宽度为 23 米，东侧人行道包括桥栏杆的宽度为 4.33 米，桥长及跨径均未变更。桥梁总面积为 1612 平方米，加宽部分的桥梁设计荷载与原桥相同。

1985 年 7 月，对桥面进行维修，在原沥青混凝土面层上加铺一层 3 厘米厚的沥青石屑。1987 年 6 月，将损坏较严重的西侧桥栏杆予以更换。

旧鼓楼桥

位于旧鼓楼外大街南口，跨于北护城河上。1950 年 11 月，在旧鼓楼大街北口的城墙上开辟一道豁口，当时称三号豁口。同时在豁口外的护城河上建成一座 3 孔木桥，称三号豁口桥，1953

年，命名旧鼓楼桥。

木桥全长23.7米，桥面长13.5米，跨径4.35米，桥宽8.5米。上部结构为黄花松圆木纵梁，每孔19根，梁上铺双层木桥面板，两侧安装木栏杆。下部构造均为黄花松圆木桩，桥墩以5根桩组成一排架，桥台也是5根桩，其后面钉挡土板，八字翼墙桩各两根，钉以挡土板构成挡墙。桥梁的设计荷载为汽−10级。此工程由市建设局道路科设计，经过招标投标，由新新营造厂承包施工。

1951年1月1日，市养路工程事务所成立后，将此桥纳入养护范围。1953年10月，由市建设局养路工程事务所将木纵梁予以加固，在每孔跨中的纵梁下吊一根木横梁，用以增强纵梁的整体受力性能。同时将双层桥面板改为单层木板，上铺筑石灰焦砟面层。

1979年，地下铁道工程开工后，该桥即成为工程专用桥，由地下铁道工程施工的基建工程部队将木桥加高加固，仍为木桥。

北二环路建成后，旧鼓楼外大街的道路也已整修。北护城河依然保留，由于城北一带的建设发展，这座跨河桥已不能满足交通需要，1982年5月，将木桥改建成一座3孔钢筋混凝土梁式桥。其中孔下为河道，跨径为16.6米。两边孔下为滨河人行道，其跨径均为10.3米。桥宽16.6米，其中车行道宽12米，两侧人行道（含栏杆）各宽2.3米。桥梁全长42.2米，桥面长37.2米，桥梁面积为701平方米。桥梁的构造形成属斜腿刚性结构。上部为整体浇注的并排4道钢筋混凝土宽腹T形梁，梁腹宽1米，每道梁腹下设1对与梁腹同宽的钢筋混凝土斜腿，以便将其上部构造的承受力传到桥基上。桥面板上铺防水层,上面浇注钢筋混凝土面层,两侧设人行道和桥栏杆。斜腿的下端设铰与基础相联结。梁腹两端的下面安装受压抗拉钢支座。桥台为U形钢筋混凝土结构,桥台与其相邻的斜腿共用一整体的钢筋混凝土板块基础。基板前部置于重力式混凝土河岸挡墙上。桥梁的设计荷载汽-20级、挂-100级。该工程由市市政设计院设计,市城市建设总公司(原基建工程部队)施工。1982年9月验收后,由市市政工程管理处接管养护。

新安河桥

位于安河桥的上游100多米处,是香山路东端的跨河木桥,1950年11月建成,取名新安河桥。

该桥为3孔,全长18米,桥面长12米,跨径3.85米,桥宽8米。桥面以黄花松圆木为纵梁,每孔17根。梁上铺双层木桥面板,外侧安装木栏杆。由于河床较深,桥墩为接桩木排架。下部以6根圆木桩为一排,桩上安装一道横梁,其上再安装6根圆木立柱和帽梁构成排架的上部。桥台各为6根圆木桩,桩后钉挡土板,桥台两侧各有两根八字翼墙桩,钉以挡土板而成挡墙。该工程由市建设局道路科设计,市道路工程总队施工,1951年1月1日,市建设局养路工程事务所成立,该桥即归属市养路工程事务所养护管理。

1966年,京密引水工程在新安河桥上游修建一座由京密水渠对清河的分流闸，因此新安河桥需要加高加长，于是将木桥改建成一座3孔混凝土梁式桥。桥梁工程由市市政设计院设计，京密引水工程指挥部海淀工程队施工。桥梁的上部结构为简支预制钢筋混凝土T形梁，梁上的车行道部分直接铺筑沥青混凝土面层，两侧设人行道及桥栏杆。桥梁全长39.5米，跨径均为12.8米。桥宽9米，其中车行道宽7米，两侧人行道（含栏杆）各宽1米。桥台和桥墩都是6根钢筋混凝土矩形贯入桩，桩的断面长30厘米、宽35厘米。桩顶上筑钢筋混凝土，矩形盖梁。桥台桩的后面砌重力式砌石挡墙。桥台前做干砌块石护坡，并与上下游的块石护岸相接。桥下做干砌块石海墁，与桥上游水闸的混凝土海墁连接。桥梁的设计荷载为汽-13级、拖-60级。桥梁工程1966年6月竣工后，未及时进行验收。1970年4月桥栏杆被汽车撞坏，由市市政工程管理处予以修复，从此该桥正式纳入市市政设施的养护范围。

1979年由于此桥迤西的红山口桥向北侧加宽，该桥也同时相应向北侧加宽5.7米。桥梁加宽工程由市市政工程管理处设计并施工。1979年10月，与红山口桥同时开工，1980年1月，主体建成通车，至1980年8月，全部工程与红山口桥同时竣工。桥梁加宽均按原跨径、原结构，加宽后全宽达到14.7米，其中车行道宽12.7米，两侧人行道宽仍各为1米。最后将全桥车行道满铺沥青混凝土面层。加宽部分的设计荷载为汽-20级、挂-100级。

1984年6月，清河治理工程中将上游段的河底加宽，于是将该桥下的干砌块石护坡和海墁全改为水泥砂浆砌筑的块石护坡和海墁。此项工程由市水利工程设计院设计，清河治理工程海淀区指挥部工程队施工。

广渠门桥

原广渠门弯桥以北跨越护城河的一座木桥，始建于1955年。由于原广渠门内外的道路弯曲且狭窄，难以扩建，故于1955年在广渠门以北的城墙上开辟一处豁口，并修筑豁口内外道路，同时在豁口外的护城河上修建一座4孔木桥，取名广渠门桥。

新建广渠门木桥工程，由市道路工程局设计处设计，市道路工程公司施工。1955年3月开工，7月建成通车。木桥的上部构造是以圆木为纵梁，每孔19根，梁上铺单层木桥面板，上面以石灰焦砟为垫层，铺墁混凝土大方砖为桥面面层，两侧

广渠门桥

安装木桥栏杆。木桥全长20米,桥面长15.5米,跨径3.8米,桥面宽9米,无人行道。工程竣工后,交由市养路工程事务所养护。

1958年9月至10月,由市养路工程事务所将木桥向两侧各加宽3米,其结构与原桥相同。加宽后桥面宽15米,两侧各增设1.5米宽的人行道,车行道的宽度12米,桥梁全长仍为20米,桥梁面积为300平方米。桥梁的设计荷载重仍为汽−10级。

1966年为配合南护城河疏浚工程,将木桥拆除,改建成一座3孔混凝土梁式桥。桥梁上部构造的车行道部分为简支钢筋混凝土薄腹T形梁,每孔10片预制T形梁。梁间采用焊接方法使10片梁联结成整体,梁上直接铺筑沥青混凝土面层。人行道部分各为简支钢筋混凝土I形梁组合成为箱形梁,每孔每侧为3片预制I形组合成2室箱形梁,梁上铺墁九格水泥砖为人行道面层,外侧安装混凝土桥栏杆。下部构造全部采用断面为长30厘米、宽35厘米的钢筋混凝土矩形桩,桥墩各为双排共28根,桩上筑钢筋混凝土整盖梁。桥台各由14根桩单排组成,桥台桩的后面用块石砌重力式U形挡墙,桥梁支座全部为弧形面钢板支座。桥梁设计荷载为汽−18级、拖−80级。桥梁全长60米,桥面长49.3米,跨径16.4米。桥梁宽21米,其中车行道宽15米,两侧的人行道包括桥栏杆各宽3米。桥梁面积为1260平方米。该工程由市市政设计院设计,市第二市政工程公司施工,1966年4月开工,7月竣工。

由于交通量逐年增大,桥面的宽度已不能满足交通需要。1971年5月由市市政设计院作出桥梁加宽工程设计,1971年11

月至1972年7月间，由市第四市政工程公司施工，将桥梁向两侧实施加宽。加宽方法是向北侧加宽4.5米，其下部构造各为单根混凝土灌注桩构成的T形钢筋混凝土桥墩和桥台。桥台桩的后面砌块石重力式挡墙和翼墙。上部构造是将原组合箱形梁拆卸移装于加宽部分的外侧，梁上仍恢复人行道和桥栏杆，箱形梁的内侧每孔安装3片预制钢筋混凝土T形梁。南侧加宽量为7.5米，其下部构造各为两根混凝土灌注桩构成的双柱式钢筋混凝土桥墩和桥台，桥台桩后面砌块石重力式挡墙和翼墙，其上部构造与北侧的做法相同。其南北加宽的设计荷载均与原桥相同。最后将车行道满铺一层沥青混凝土面层。桥梁加宽后全宽达到33米，其中车行道宽27米，两侧的人行道包括桥栏杆各宽仍为3米。桥梁的总面积为1980平方米。桥梁加宽工程完成后，由市市政工程管理处代行验收，同时将全桥纳入市市政设施的养护范围。

1988年修建广渠门立交桥时将该桥拆除。

朱各庄桥

位于五棵松迤北的朱各庄村西口，是1955年开挖永定河引水渠工程中新建的一座8孔木桥。当时工程名称为新建中央大路朱各庄木桥工程，竣工后依地名取桥名，一直沿用至今。

该桥属于永定河引水工程中的配套工程，由永定河引水工程指挥部桥梁工程设计组设计，指挥部所属桥梁工程队施工。工程设计中考虑为以后修建永久性桥梁预留出位置，将桥位设定在规划道路以东。建成后的木桥全长40米，8孔跨径均为3.8米。桥宽9米，其中车行道宽7米，两侧人行道各宽1米。上部构造全部用圆木做纵梁，车行道下每孔18根，梁上铺双层桥面板，人行道是在纵梁上横铺单层桥面板，边梁外安装木栏杆。下部构造全部采用木桩排架构成桥墩和桥台，每个桥墩7根桩。由于木桥较长，为了加强桥梁的稳定性，将中间的1个桥墩做成双排桩，两排桩的中距离为1.5米。桥台两侧有八字翼墙桩各两根。木桥于1955年12月建成，竣工后未向桥梁养护部门办理移交。

1956年7月因上层桥面板磨损影响行车，于是由市养路工程事务所予以维修，从此该桥即由市养路工程事务所养护管理。1957年进行小修，将双层桥面板改成在单层木板的上面铺筑石灰焦砟面层。1963年4月12日，有一辆以木柴为燃料的汽车因熄火停在桥上，不慎将西侧靠近北端的人行道和栏杆烧坏，在修复栏杆与人行道的同时，将车行道又加铺混凝土大方砖面层。1970年9月，在木桥西边建成一座钢筋混凝土桥。此项工程由市市政设计院设计，全桥共4孔，设计中上部结构全部利用原和平门桥和宣武门豁口桥拆除后保留下来的钢筋混凝土T形梁和箱形梁。当时共存有T形梁38片，箱形梁8根。T形梁长8.66米、宽1.48米、高0.8米。箱形梁长8.66米，梁宽有1米和1.4米两种，高1.3米。两种箱形梁各有4根。设计中将T形梁用于车行道部位，每孔8片梁。将较宽的箱形梁用于西侧人行道下，内设电缆管线；将较窄的箱形梁用于东侧人行道下，以设给水管道。下部结构全部采用钻孔灌注钢筋混凝土桩柱。全桥的荷载标准按汽–18级、拖–80级设计。鉴于旧T形梁均有不同程度的损伤，工程设计中建议桥梁成建后按汽–13级使用。

该工程由市市政工程管理处施工，1970年4月开始做施工准备工作，经过对旧混凝土梁的检查，发现T形梁中只有28片梁可以应用，尚缺少4片梁。8根箱形梁均可应用。经设计变更，将全桥4孔中的南3孔仍利用旧T形梁，将北边孔改为12块预制钢筋混凝土双圆孔空心板梁。板梁长8.66米，宽0.99米，厚0.45米。旧梁运至工地后，将T形梁的梁腹端部脱落的保护层逐一进行修补。

1970年6月正式开工。施工中为满足下游的用水流量，因此要保持水深不低于1.4米，采用在水中置内径150厘米的混凝土管，代替常用的筑岛方法。

新的桥梁全长43.8米，桥面长34.8米，共4孔，跨径均为8.7米。桥宽14.6米，其中车行道宽11.4米，西侧人行道宽1.8米，东侧人行道宽1.4米。上部结构中车行道部位的南3孔各为8片T形梁，北边孔为12块空心板梁，梁上直接铺筑沥青混凝土面层。箱形梁上铺筑一层小砾石混凝土为人行道面层，外边安装钢筋混凝土桥栏杆。桥台和桥墩各以3根钢筋混凝土灌注桩为墩柱，上面筑以断面为倒"凸"字形的钢筋混凝土盖梁。桥台桩的后面用块石砌成U形重力式挡墙。西侧箱梁内敷设通信电缆，东侧箱梁内敷设给水管道。

该工程于同年9月底完工，经市市政工程局验收，由市市政工程管理处继续管理养护。新桥通车后，将木桥拆除。

1988年和1990年，曾有105吨的超重车4次通过此桥，监测结果未超过安全限度值。

亚疗桥

永定河引水工程中，在渠道通过八大处路的地方，于1955年，修建一座木桥。由于该桥位于亚洲学生疗养院以南，故将桥命名为亚疗桥。

1967年，将木桥改建为钢筋混凝土桥。原建的亚疗木桥，属永定河引水工程中的配套工程，由永定河引水工程指挥部桥梁设计组设计，指挥部下属的桥梁工程队施工。该桥是一座临时性5孔木桥，为了给将来修建永久桥梁让出位置，将桥位设定在规划道路以西。因道路与河道呈斜交，故将桥梁相应建成斜桥。

1967年，在木桥的东侧建成一座钢筋混凝土桥。此工程由市市政设计院设计，市第三市政工程公司施工。新桥中线设定在规划道路中线以东，两条中线平行相距3米，以备为以后向西侧加宽预留出6米宽的位置。新桥是一座3孔等跨径钢筋混凝土板梁斜桥，桥长38米，跨径9.04米，桥宽9.5米。其中车行道宽7米，两侧人行道（含栏杆）各宽1.25米。桥梁面积361平方米。上部结构为预制简支钢筋混凝土空心板梁，每孔9块，板之间设钢板焊接联结点。车行道部分在板梁上直接铺筑沥青混凝土面层，车行道两侧在板梁铺装人行道，外边安装钢筋混凝土桥栏杆。下部采用钻孔灌注钢筋混凝土桩柱，桥台和桥墩各为两根，于河床以上部位，套以混凝土管筑成圆形墩柱。柱径均为80厘米，两根桩的中距为5.6米，桩顶筑倒"凸"字形钢筋混凝土盖梁。桥台两桩之间砌块石挡墙，两侧按顺桥方向砌块石翼墙。桥梁设计荷载为汽-15级、拖-60级。该工程于1967年9月开工，当年12月竣工。新桥通车后，将木桥拆除。

1969年4月，桥栏杆被汽车撞坏，由市市政工程管理处将栏杆修复，从此市市政工程管理处对该桥实施养护与管理。

1970年5月间，市市政工程管理处在八大处路大修工程中，将此桥的人行道拆除。

京密引水渠下游段桥梁

京密引水渠道从绣漪闸至罗道庄一段称为下游段，其中从绣漪闸至麦钟桥上游段为长河河道，1966年京密引水工程中将此段河道加以疏浚，同时在河道上新建人行桥一座，即绣漪外桥；改建桥梁两座，即长河桥和长春桥。从麦钟桥上游至罗道庄为新开挖渠段。在此渠段上新建跨河桥梁3座，即麦钟桥、板井桥和又一村桥。

京密引水渠昆玉河段

此次桥梁改建和新建工程均由市市政设计院设计，由京密引水工程指挥部统一组织施工，其中绣漪外桥、长河桥和长春桥三项工程由市第二市政工程公司施工，其余 3 座桥梁工程由市第二市政工程公司协助引水工程指挥工程队施工。桥梁工程于 1966 年 2 月陆续开工，8 月全部建成。

绣漪外桥是一座跨河人行桥梁，位于原绣漪闸下游，颐和园的南墙外。桥梁为单孔钢筋混凝土双曲拱结构，主拱肋为两道，各以 5 段预制构件用湿接方法联结成整体。拱肋上覆以预制钢筋混凝土拱坡和拱背混凝土。主拱上两端各有 5 孔复拱，桥面为混凝土面层，两侧安装桥栏杆。采用钢筋混凝土箱式桥台，桥台上面的两侧砌块石翼墙。桥面长 40.7 米，跨径为 40 米。桥宽 2.4 米，桥面净宽 1.8 米，桥梁的设计荷载为人群每平方米 300 千克。

绣漪外桥

长河桥是今昆明湖路上的一座跨长河桥。该桥始建于 1935 年，改建过 3 次，最后一次是 1956 年，改建成一座 5 孔木桥。此次在京密引水工程中将木桥拆除，改建成一座 3 孔混凝土梁式桥。桥面结构为简支钢筋混凝土 T 形梁，每孔 5 片预制 T 形梁，梁上按孔径分段浇注钢筋网混凝土面层和地袱，地袱上安装桥栏杆。桥墩构造为钢筋混凝土双柱式，墩柱下为钢筋混凝土条形基础，桥台为八字形块石砌体重力式台身和翼墙，其下面做混凝土基础，台身上筑钢筋混凝土台帽和雉墙。桥面长34.4米，桥梁长51米，中孔跨径为16.8米，边孔跨径各为8.8米，桥宽8.1米，无人行道，车行道宽7米。桥梁面积为413平方米。桥梁的设计荷载为汽-18级、拖-80级。

长春桥位于长河桥下游，在蓝靛厂村东南方，属于今蓝靛厂北路南端的一座跨长河桥。据有关资料记载，该桥原为石桥，后改建成双孔木桥，1956年又改建成一座5孔木桥。在京密引水工程中将木桥拆除，建成一座3孔钢筋混凝土梁式桥。上部结构为简支钢筋混凝土T形梁，每孔6片预制T形梁，梁上按孔径分段浇注钢筋网混凝土面层，两侧设人行道和桥栏杆。桥台为八字形块石砌体重力式台身和翼墙，下面为混凝土基础，台身上做钢筋混凝土台帽和雉墙，桥墩为钢筋混凝土双柱式，墩柱下筑钢筋混凝土条形基础。桥面长45米，桥全长51米，中孔的跨径为16.8米，边孔跨径各为14.1米。桥宽9.8米，其中车行道宽7米，两侧的人行道（含桥栏杆）各宽1.4米。桥梁面积为500平方米。桥梁的设计荷载与长河桥相同。

新麦钟桥位于新开渠段与长河分岔口的南边，与长河上的麦钟桥相对。该桥是京密引水工程中新建的一座3孔混凝土梁式桥，上部结构为简支钢筋混凝土T形梁，每孔两片预制T形梁，梁上浇注钢筋网混凝土面层和地袱，地袱上安装简易混凝土栏杆。桥

新麦钟桥

台为八字形混凝土重力式，东桥台翼墙外北侧有顺河岸石砌挡墙，南侧有梯道，桥墩为单根钢筋混凝土T形圆柱，柱基为钢筋混凝土方形板块。桥面长45米，全长51米，中孔跨径为16.8米，边孔跨径各为14.1米，桥宽3.5米，桥面净宽3米。桥梁面积为178平方米，该桥以人行为主，但是考虑到可能有农业机械通过桥梁，桥梁设计荷载为汽-8级、拖-30级。

　　板井桥位于车道沟桥迤南的板井村东口，也是跨越引水渠的一座3孔梁式桥。上部结构为简支钢筋混凝土T形梁，每孔3片预制T形梁，梁上浇注钢筋网混凝土桥面和地栿，地栿上安装简易混凝土桥栏杆，桥台为八字形混凝土重力式。东头翼墙外向北有顺河岸挡墙，南侧有梯道。桥墩为钢筋混凝土双柱式，墩柱下做混凝土条形基础,桥面长45米,全长51米,中孔跨径16.8米,边孔跨径各14.1米,桥宽4.9米,桥面净宽4米,无人行道。桥梁面积为250平方米。桥梁荷载与新麦钟桥相同。

又一村桥位于板井桥下游的又一村西边,同属跨越引水渠的一座3孔梁式桥。上部结构为简支钢筋混凝土T形梁,每孔3片预制T形梁,梁上两边安装预制钢筋混凝土宽地栿和桥栏杆,车行道部分浇注钢筋网混凝土面层。西桥台为八字形混凝土重力式,翼墙外有块石砌筑体挡墙。东桥台为U形混凝土重力式,北侧翼墙外有顺河岸块石砌体挡墙,南侧有梯道。桥墩构造与板井桥相同。桥面长45米,全长48米,中孔的跨径16.8米,边孔跨径各14.1米,桥宽5.14米,其中人行道宽4米。桥梁面积247平方米。桥梁荷载与新麦钟桥相同。

此项工程(共6座桥)竣工后,由京密引水工程指挥部进行工程验收,当时未向市市政工程管理处办理移交,1970年5月,由市市政工程管理处将此6座桥纳入养护范围。

温泉桥

京密引水工程中,在引水渠穿过温阳路的地方,建成一座3孔钢筋混凝土梁式桥。因桥梁位于温泉东口迤北,竣工后取名温泉桥。

温泉桥于1965年12月开工,1966年6月竣工。桥长54.8米,跨径均为14.1米。桥宽9.6米,其中车行道宽7米,两侧人行道

（含栏杆）各宽 1.3 米。由于道路与河道呈斜交，故桥面亦为斜形，其斜度为 30 度。上部结构为整体浇注的简支钢筋混凝土 T 形梁，每孔 3 道梁。两边梁外侧翼板高起以做人行道之用，车行道部位在梁上直接铺筑沥青混凝土面层，在人行道上做水泥砂浆抹面，外边安装钢筋混凝土桥栏杆。梁端接缝采用青油毡简易伸缩缝，桥墩各为两根桩柱架一盖梁所构成。墩柱的下部为钻孔灌注钢筋混凝土桩，其上部套以混凝土管，灌注混凝土形成墩柱，柱上筑钢筋混凝土倒"凸"字形断面的盖梁。桥台形式为斜 U 形，以块石砌成主体，底部为混凝土平板基础，台身为重力式砌体，上部浇注钢筋混凝土台口和雉墙。翼墙按顺桥方向砌重力式墙。梁端支点处全部设钢板支座。桥梁设计荷载为汽 –13 级、拖 –60 级。该工程由市市政设计院设计，京密引水工程指挥部所属桥梁工程队施工，其中技术力量以市第二市政工程公司为主。竣工后由工程指挥部验收，但未向桥梁养护部门办理移交，直到 1970 年 1 月，市市政工程管理处接管并开始实施养护。

红山口桥

香山路跨于京密引水渠上的一座桥梁，属于京密引水工程中，1966 年新建桥梁项目之一，因桥梁西北方有红山口山头，而命名为红山口桥。

红山口桥桥梁工程由市市政设计院设计，京密引水工程指挥部工程队施工。该桥是一座 3 孔混凝土梁式桥，上部结构中孔为

6片带有横隔板的钢筋混凝土薄腹T形梁。其翼板之间和横隔板之间都预埋有钢板联结件,通过焊接联成整体。边孔各为8块钢筋混凝土板梁,同样有预埋联结件,通过焊接构成整体。在梁上的两侧设人行道和桥栏杆。车行道部分在梁上直接铺筑沥青混凝土面层。桥台构造为混凝土基础,块石重力式台身和翼墙,桥台上浇注钢筋混凝土台帽和雉墙。西桥台的基础浇注在阶梯形的岩石上,东桥台的基础下为黏土。桥墩结构是在混凝土基础上砌筑块石实体墩,浇注钢筋混凝土墩帽,西桥墩的基础落在平面岩石上。中孔T形梁的支座为弧面钢板支座。桥梁的设计荷载为汽-13级、拖-60级。桥梁长30.55米,中孔跨径14.1米,边孔的跨径各6.82米。桥梁宽9.7米,其中车行道宽7米,两侧的人行道各宽1.35米(含桥栏杆)。桥梁面积290平方米。桥梁工程于1966年初开始施工,同年4月桥上通车,6月全部建成后,由京密引水工程指挥部进行桥梁工程验收。当时尚未向市市政工程管理处移交桥梁设施及竣工资料。桥梁西桥头因在香山路和黑山扈路相交的丁字路口处,转弯车辆行驶不便,桥梁人行道和栏杆经常被车辆撞损。1970年4月,市市政工程管理处对该桥实施维修,并将此桥纳入市政设施养护范围。

　　由于交通量逐年增大,桥面宽度已不能适应交通的需要。1979年,由市市政工程管理处设计并施工,将桥梁向北侧加宽。加宽部分的跨径与原桥的跨径相等,其边孔桥面构造各采用6块预制钢筋混凝土板梁,板梁上浇注钢筋网混凝土桥面。中孔采用3根预制先张预应力混凝土宽腹T形梁,其翼板之间用湿接方法联结成整体。梁上浇注钢筋网混凝土桥面，加宽部分的桥面与原桥桥面无联结。将原桥北侧人行道和桥栏杆移至加宽后的桥面北侧重新修复，将车行道全面铺筑一层沥青混凝土面层。桥台的接长部分采用混凝土重力式 L 形构造。西桥台筑在岩石上，桥墩采用钢筋混凝土 3 柱式构造，混凝土基础与原桥墩的基础相联结。盖梁与原有的桥墩不相连。加宽部分的桥梁设计荷载为汽 -20 级、挂 -100 级。桥梁加宽工程于 1979 年 11 月开工，1980 年 4 月达到通车条件，同年 8 月包括路口改善工程全部完工。

霍道口桥

1978 年，西南二环路连通工程中新建的一座 3 孔混凝土梁式桥，桥位设在西南护城河转弯处迤南的分流河道口处，桥梁以西和以东均属霍道口村，故依此命桥名。

霍道口桥工程由市市政设计院设计，市第一市政工程公司施工。桥梁的上部结构为简支预制先张预应力双圆孔空心板梁，每孔 19 块，板梁之间以钢板焊接点相联结。车行道部分按梁长分为 3 段浇注钢筋网混凝土面层，两侧设人行道和桥栏杆。桥墩各由 5 根钢筋混凝土灌注桩筑以整体盖梁而构成。桥台为 U 形混凝土重力式构造，桥台前砌筑块石护坡。

桥梁全长 40.5 米，桥面长 36.2 米，跨径均为 12.04 米。桥宽 19.2 米，其中车行道宽 14 米，两侧人行道（含栏杆）各宽 2.6 米。桥梁面积为 778 平方米。桥梁的设计荷载为汽 -20 级、挂 -100 级。

1978年12月底，桥梁主体建成通车，全部工程于次年3月竣工，1979年9月通过验收后，由市市政工程管理处接管养护。

1989年，在西厢工程设计中为修建菜户营立交桥，计划将此桥予以拆除。1990年7月，西厢工程准备开工，市第一市政工程公司将该桥作为施工用桥。

八一湖桥

西三环中路上跨越永定河引水渠的一座混凝土梁式桥。桥梁因位于八一湖的西端而得名。

该桥于1981年年底建成，是一座3孔单悬臂梁式桥。

由于三环路与河道斜交，故该桥为斜桥。其边孔为锚固孔，上部结构各为14片预制单悬臂预应力混凝土T形梁，其整跨部位为等截面梁，悬臂梁段为变截面。中跨为挂梁孔，挂梁为14片预制的钢筋混凝土T形梁。分别搭于14对悬臂桥上，挂梁的两端设橡胶板式支座，在挂梁两头和桥面两端做填料式伸缩缝。梁上分3段浇注钢筋混凝土面层。桥上中间为机动车道，其宽度为16米，两边有隔离带，外边为非机动车道。桥面两侧设人行道和桥栏杆。桥台为斜U形用块石砌筑的重力式台身和翼墙，翼墙外面做锥形块石护坡。墩桩下筑钢筋混凝土条形基础，桥墩上的主梁支承点均设橡胶板式支座。桥台上的支座均为钢滚轴式，每组为3根钢滚轴。桥梁长115.56米，中孔跨径42米，边孔跨径各32米。桥宽35米，其中机动车道宽16米，隔离带各宽

1米，非机动车道各宽6米，两侧的人行道各宽2米（含桥栏杆）。桥梁面积4045平方米。桥梁的设计荷载为汽-20级、挂-10级。该工程由市市政设计院设计，市第一市政工程公司施工，1981年1月正式开工，同年12月建成并验收，交由市市政工程管理处接管。

该桥预应力混凝土悬臂梁结构是第一次在桥梁中应用，由于经验不足，当悬臂T形梁预制完成后，悬臂端未产生设计预计翘起量，于是在安装大梁时将桥墩上的支座垫高5厘米。桥面混凝土浇注完成后，中孔桥面为平面。1982年4月，发现中孔桥面出现下挠现象，测得下挠量为3～6厘米，遂列入桥梁养护监测计划。1984年6月，在桥梁中孔的机动车道上进行静载试验，经验算其承载力尚能满足设计要求。此后悬臂梁端的下垂量仍在增加，1988年9月，又进行一次活荷载试验，测试结果仍未发现桥梁的承载力有较大降低。但是当桥上行车时，中孔桥面上各部位均有明显的颤动感。

劲松桥

位于劲松路的西口，跨于外城东护城河上，该桥是为新建劲松路工程于1981年建的两座混凝土便桥。在该桥以东的沟渠上原有一座石桥，称为架松桥，在修建该桥工程中将原架松桥拆除，取其谐音命名此桥为劲松桥。

劲松桥为两座各5孔的混凝土梁式桥，两桥相距50米，是为以后修建正式桥梁预留出桥位。两座桥的结构完全相同，桥面的结构，中3孔为简支钢筋混凝土宽腹T形梁，每孔6片预制T形梁，边孔各为简支钢筋混凝土板梁，每孔9块预制板梁。梁上于其外侧一边安装预制的钢筋混凝土人行道板，外边伸出梁以外50厘米，形成外悬檐。两侧安装混凝土桥栏杆。车行道部分在梁上直接铺筑沥青混凝土面层。桥台因均设在河岸上，故以混凝土枕梁为桥台。桥墩采用混凝土灌注桩，各以两根桩构成双柱式桥墩。T形梁的支座为橡胶板式支座，板梁的支承面均为1厘米厚的橡胶板垫层，桥梁的设计荷载为汽–20级、挂–100级。桥梁长56.2米，中3孔的跨径各15米，边孔的跨径各5.5米，桥梁的宽度9.5米，其中车行道宽7.5米，外侧的人行道（含桥栏杆）宽1.5米，内侧的桥栏杆和防护道牙宽50厘米，每座桥梁的面积534平方米。

此工程由市市政设计院设计，市第二市政工程公司施工，于1980年5月开工修建，同年9月桥上通车，1981年6月竣工。由于该桥原计划作为施工便桥或做立交桥的匝道桥使用，建成后未进行竣工验收，1983年12月决定变更桥梁建设方案，于是将该桥移交由市市政工程管理处养护。

1988年，为修建立交设施光明桥将该桥拆除。

周家巷桥

北安河路上的一座桥梁，位于周家巷村东口，桥梁跨于周家巷排洪沟上。从前此处为过水路面，每逢大雨因水流湍急而断绝交通。1982年，在过水路面处建成一座3孔混凝土梁式桥，命名周家巷桥。

周家巷桥桥梁工程由市市政工程管理处设计并施工，桥面主梁是利用北小河桥拆下来的18片旧钢筋混凝土宽腹T形梁，桥头为斜端面。而该桥为正桥，所以在桥墩上梁端的对接缝呈折线缝，桥面构造为简支梁连续桥面结构，每孔6片预制T形梁，梁上浇注连续钢筋网混凝土面层。鉴于此处距离西山较近，桥面的高程依1963年最高洪水位所设定。为防洪水漫过桥面，桥栏杆未设地栿，以减少阻水面。下部构造全部采用块石砌体，桥墩下为混凝土基础，上面有钢筋混凝土墩帽，桥台为U形重力式，下面为混凝土基础，前墙上筑钢筋混凝土台帽和雉墙，桥梁上下游的两岸，用块石各砌筑一段护坡。桥下做干砌块石海墁。桥梁的设计荷载为汽-13级、拖-60级。桥梁全长31.8米，跨径9.15米，桥梁宽9.6米，桥面净宽9米，无人行道。桥梁面积305平方米。该工程于1982年8月开工，同年10月竣工。1984年汛期将北边孔淤堵，将南边孔的干砌石块海墁冲毁。同年9月将全部干砌块石海墁改为水泥砂浆砌筑海墁。

跨凉水河水系的桥

大红门桥

位于大红门村北，跨于凉水河上。该桥是一座5孔连拱石桥，据明《英宗实录》载，正统七年（1442年）正月修南海子北门外桥；十年（1445年）正月修南海子北门外红桥；十二年（1447年）六月修南海子北门外大红桥。依此记载此桥在明代称红桥。光绪《顺天府志》载，南海子北门外桥，明正统七年修曰红桥。1936年北平市工务局档案中称北大红门桥，石拱桥、五孔、桥幅9公尺。

1951年春季，市养路工程事务所进行桥梁普遍调查，当时该桥是一座5孔连拱石桥，石栏杆完整，桥面石板，坑洼不平。5孔拱碹及石砌侧墙基本完好，东南翼墙端部石板松动，桥墩在水下，分水尖露出，上游燕翅完整，桥身长32.6米，全长51.15米（无立牙石，以地栿端为起止点）。桥宽10.2米，桥面净宽9.05米。

1953年4月，由市养路工程事务所进行维修，主要是清理桥上的积土及杂草，用水泥砂浆做桥台以上部位勾缝，同时填补较深的桥面沟槽。

1954年4月，趁修整河坡水位降低的机会，对坡台进行维修，发现北一墩的分水尖松动，西北燕翅石板松动，桥墩的下游端也有不同程度的松动。维修工程尚未完成，因河中发大水而停工。

1956年10月，桥梁检查时发现北一墩分水尖坍塌，1957年3月由市第三道路工程公司进行修复工作，修复过程中由市养路工程事务所记录了损坏部位的内部构造。修复方法是拆去分水尖，浇注混凝土基础，外部用原有石板砌筑，内部浇注混凝土，并加设钢筋与桥墩联结。

1965年，因将河道调直，在石桥以北新建一座混凝土梁式桥，将石桥拆除。在拆除石桥的过程中，由市市政工程管理处和文化部文物处共同调查记录了石桥的全部构造。

珊瑚桥

坐落在小红门村以南，跨于凉水河上。桥迤北为小红门路，迤南为旧宫路。该桥始建于清顺治初期。初建为石桥，后又重建为5孔石板梁桥，民国时期命名为珊瑚桥。

1951年年初，市养路工程事务所进行桥梁普查，当时该桥是一座5孔石板梁桥。桥面为花岗岩条形石板，每孔7块。桥面两侧有城砖砌成的矮墙式护栏，桥台为带燕翅形，其外表为10层花岗岩条形石板。桥墩为上下游带分水尖形，各为10层花岗岩条形石板砌筑。桥下有石板海墁。桥面长29.6米，净跨径3.8米许，桥墩厚2.4~2.5米。桥面宽5米，护栏内净宽4米。

1955年，由市道路工程公司将石桥向北接长两孔，接长部分为木桥。加长后桥面全长达到 37.9 米，木桥跨径 3.8 米，桥宽与石桥相同。桥面结构为圆木纵梁，梁上铺双层桥面板，桥面两侧安装木栏杆，同时将石桥上的砖砌护栏更换为木栏杆。木桥的南端是利用石桥的北桥台，于其背后用料石砌筑整齐而成为桥墩。木桥北端为带八字翼墙的木桩桥台。桥墩为木桩排架。由于木桥下未做海墁，河床逐渐低于石桥的海墁，河水主流因而移向木桥下，1963 年 7 月至 8 月曾两次将木桥桥台背后冲空。洪水过后，9 月间市市政工程管理处将木桥又向北加长 1 孔。桥面构造与原木桥相同。拆去旧木桩翼墙，改原桥台桩为桥墩排架，新增桥台的做法与原桥台相同。

在石桥向北接长木桥工程中，为了调查古代石桥构造，将石桥的北桥台内部构造予以调查记录：燕翅长 6.6 米，桥台前墙和燕翅的后面都砌有背砖，全部为城砖砌筑，砖墙厚 80～90 厘米，背砖的后面直至燕翅端，全部为掺碎石片和碎砖的石灰土；桥台的石板基础直通到燕翅端，当时这段基础石板未拆除。1963 年汛期，将此段外露的桥基石板下冲空，石板面基本平整，石板下的小木桩也未损失，汛后调查发现，桥基为单层花岗岩石板，石板接缝的上面都嵌有银锭铁，石板下有密布的小木桩，桩间填充的石灰土仍很坚实，只是其上层被冲刷有所流失。

1979 年，在石桥的下游 40 米处新建一座混凝土梁式桥，由市市政工程管理处设计并施工。此工程于 4 月开工，同年 12 月建成通车，同时将旧桥的木桥部分拆除，旧石桥暂未拆。

新建桥梁的上部结构，是利用东四十条和东直门跨河桥拆下来的旧钢筋混凝土 T 形梁和宽腹 T 形梁。全桥共 9 孔，中间的 5 孔采用 T 形梁，两端各两孔采用宽腹 T 形梁。T 形梁的长度有 16.76 米和 8.8 米两种，梁宽均为 150 厘米，梁高为 100 厘米，较长的梁置于中间 3 孔上，以减少在河中设置桥墩。宽腹 T 形梁的长度均为 8.5 米，梁宽原为 160 厘米，梁高为 55 厘米。由于此种梁的宽度较大，安装时将其翼板凿去 10 厘米。T 形梁的端面混凝土保护层多数因钢筋锈蚀而脱落，在安装前使用自制的钢筋防锈保护剂予以处理，并恢复其保护层。由于少数 T 形梁的翼板边缘有缺损，主梁安装以后，将缺损的翼板加以补修，然后在梁上分 3 段浇注连续钢筋混凝土面层，两侧安装钢筋混凝土桥栏杆。由于此处过桥的行人较少，故未设人行道。伸缩缝设在桥两端和中间 3 跨的两端，4 道伸缩缝采用新研制的钢齿形伸缩装置。下部结构全部采用双柱式钢筋混凝土灌注桩桥墩和桥台，桥台桩后做 U 形块石砌体挡墙，桥台前砌块石护坡。桥梁全长 108 米，中 3 孔的跨径为 16.8 米，两端的两孔跨径为 8.8 米，其余 4 孔的跨径均为 8.54 米。桥梁宽 10.6 米，车行道宽 10 米。桥梁面积为 1145 平方米。桥梁的设计荷载，按照简支梁连续桥面结构对旧梁进行验算，桥梁荷载重可满足汽 -13 级、拖 -60 级，故以此为该桥的设计荷载。

洋桥

马家堡路上跨过凉水河的一座梁式桥。该桥是光绪二十五年

(1899年)修建卢沟桥至马家堡铁路中,为铁路跨过凉水河而修建的一座3孔上承式钢板梁铁路桥。由于该桥是由外国人设计的,所以中国人称它为洋桥。后来在桥南逐渐形成了自然村,因而取村名为洋桥村。

20世纪30年代,将钢桥拆除后留下了混凝土桥墩和桥台,当地农民用木材搭起简单的木桥供行人通行,而后又发展成为通行马车的木面桥。

1949年10月,由市建设局工程总队将桥面予以翻修,仍利用原有的混凝土桥墩和桥台,建成正式的木面桥,桥宽6米,两侧安装木栏杆,可通行汽车,同时整修此段道路。

1951年3月至5月,为配合凉水河疏浚工程,市建设局道路科作出桥梁工程设计及施工图,由市道路工程事务所施工,将原有的两个混凝土桥墩拆除,仍利用旧混凝土桥台,改建成一座6孔木桥。桥面构造是用黄花松圆木做纵梁,梁上铺双层木桥面板,两侧装木栏杆。桥墩均为木桩排架,各由5根打入的木桩构成。打桩时为躲避旧桥墩的残留混凝土基础,桩位略有变更,因此造成各孔的跨径稍有不同。桥墩完成后,利用拆除旧桥墩的混凝土碎块铺墁于桥下河床上,作为海墁。改建后桥面长22米,各孔的跨径不等,最小跨径3.5米,最大跨径3.85米。桥面宽7米,无人行道。桥梁的设计荷载为汽-10级。工程竣工后,即移交市养路工程事务所对全桥进行防腐处理,同时在桥面板上铺石灰焦砟面层。

1955年为配合凉水河疏浚工程,市建设局技术处作出洋桥扩建工程设计，市道路工程公司施工，将旧混凝土桥台拆除，向两端各加长两孔，扩建成 10 孔全木结构桥梁。桥梁扩建后全长达到 42 米，桥面长 38 米，加长孔的跨径 3.82 米。桥宽仍为 7 米，其中车行道宽 5.5 米，两侧的人行道宽为 0.75 米。桥梁的设计荷载仍为汽－10 级。桥梁扩建工程于 1955 年 3 月开工，5 月竣工。

桥梁加长后，因增设人行道，车行道变窄，造成行车不便，于是在 1956 年 9 月间，由市养路工程事务所将人行道拆除，并修复桥面铺装，又恢复原 7 米宽的车行道。

1963 年，将该桥改建成一座 5 孔钢筋混凝土板梁桥。桥梁的上部结构为简支钢筋混凝土板梁，每孔为 6 块预制板梁，板梁上按简支桥面浇注钢筋网混凝土面层，两侧安装混凝土桥栏杆。地栿里侧立装一道 20 厘米宽的混凝土防撞缘石，下部结构全部采用断面长宽均为 35 厘米的钢筋混凝土方形桩，各以 5 根桩筑以钢筋混凝土盖梁而构成桥墩和桥台。这些混凝土桩都有利用和平门桥拆下来的旧桩。桥台桩的后面用块石砌筑重力式 U 形挡墙。桥梁的设计荷载为汽－13 级、拖－60 级。桥梁长 39 米，跨径均为 6.82 米，桥梁宽 8 米，其中车行道宽 7 米。桥梁面积为 312 平方米。此工程由市市政设计院设计，市第二市政工程公司施工，1962 年 9 月开工，1963 年 1 月建成通车，4 月通过工程验收，并将设施移交市市政工程管理处管理养护。

1964 年汛期河床受冲刷，汛后，10 月至 11 月由市市政工程管理处将桥台前及翼墙外侧用块石砌筑护坡。1978 年发现有部分桥墩桩出现竖向裂缝，而后逐年有所发展。1980 年 9 月，将桩的裂缝段加抹水泥保护层,此次共修补桥墩桩8根。1988年,鉴于该桥的板梁及桥桩因其钢筋锈蚀而使局部保护层开裂或脱落的情况,利用北极寺桥拆下来的板梁将桥再次翻修,由市市政工程管理处设计并施工。此次翻修将原桥全部拆除,按照规划河床断面,以原有南桥台的位置为新的南桥台定位,向北设定新桥的桥位,满足近期规划的河床断面。根据旧桥梁数量确定新桥为5孔,桥梁的上部构造为简支预应力混凝土空心板梁连续板面结构,每孔9块预制先张预应力混凝土双圆孔空心板梁。由于北极寺桥为斜桥,所以旧板梁的两端为斜头,安装后,桥梁头的对接缝呈折线形。桥梁上浇注钢筋网混凝土连续桥面,两侧安装混凝土桥栏杆,无人行道,车行道上铺筑沥青混凝土面层。下部构造全部采用混凝土灌注桩,桥台和桥墩均为双柱式。桥台柱的后面用块石砌筑重力式U形挡墙,其中北桥台的灌注桩是按照桥墩柱的承载力所设计,以备将来桥梁向北加长。该桥梁的设计荷载为汽–20级、挂–100级。桥梁全长59.15米,跨径9.03米,桥梁宽9米,车行道宽8.4米。桥梁面积532平方米。此项工程于1998年5月开工,9月竣工。

凉水河桥

位于洋桥村的东边。1951年疏浚凉水河时,是一座3孔木桥,通称凉水河桥。桥宽约5米,当时由马家堡通往永定门外宝华寺、狮子馆一带的马车道从该桥通过。

1951年，凉水河疏浚工程中将此桥重修，仍为3孔木桥，桥面长13米，桥宽5米，仍称凉水河桥。桥梁工程由市建设局主持，元大营造厂承包施工。1951年5月9日开工，7月20日建成，竣工验收后，由市养路工程事务所接管养护。

1971年，沿南三环路规划线修筑木樨园至马家堡道路工程中，由市第二市政工程公司在木桥下游新建一座11孔木桥，桥长45米，桥宽17.6米。此工程于1971年5月17日开工，8月31日竣工，9月中旬验收后，由市市政工程管理处接管养护。同期将旧木桥拆除。

1980年，修建西南三环道路工程中，将木桥改建为一座6孔混凝土桥，正式命名为凉水河桥。桥梁的上部构造为简支预应力

凉水河

混凝土双圆孔空心板梁,每孔29块,板梁上按梁长分为6段直接浇注钢筋网混凝土面层。桥上设两道隔离带,使机动车和慢行车分行,两侧设人行道和桥栏杆。桥台和桥墩全部采用钢筋混凝土灌注桩柱,每6根桩柱为一排,柱顶上筑整体盖梁。桥台桩之间砌块石挡墙。建桥时河道上口宽度为70米,而桥梁设计长度按规划河道宽定为73米,故桥台暂不做翼墙。

桥梁全长73.08米,桥面长72.24米,跨径均为12.04米。桥宽29.4米,中间为机动车道,宽度为15米,两边的慢行车道各宽4米,以1米宽的隔离带与机动车道相隔。两侧的人行道(含栏杆)各宽2.2米。桥梁的设计荷载为汽-20级、挂-100级。

此项工程由市市政设计院设计,市第二市政工程公司施工。1979年12月开工,1980年8月竣工。施工中西起第二排北边第一根桩和第五排北边第二根桩,因灌注时中断而采取补救措施。具体做法是按顺排方向在断桩的两侧各加1根灌注桩,增加的一对桩顶上筑横梁埋于河床内,横梁上再接1根钢筋混凝土桩,使河床以上仍为6根墩柱。1980年12月,验收后由市市政工程管理处接管养护。

1990年,南三环路扩建工程中,将该桥相应向两侧加宽。此次向北加宽16.25米,南侧加宽14.25米,加宽后桥宽为59.9米。总面积达4378平方米。桥梁的跨径、孔数和桥长均未变更。因桥面加宽,将桥上车行道重新布设。桥中增设1米宽的分隔带,两侧机动车道各宽为13.75米,慢行车道各宽9米,隔离带各宽2米,最外边为人行道,各宽4.7米(含栏杆)。

桥梁加宽工程由市市政设计研究院设计，市第二市政工程公司施工。该工程于1990年3月开工，9月通车，年底全部竣工。

大红门西桥

1953年，建南苑路（木樨园—南苑三营门）工程中在跨凉水河处建成一座8孔木桥。由于该桥位于大红门桥以西，故命名为大红门西桥。

木桥全长36米，跨径均为3.8米。桥宽16米，其中车行道宽12米，人行道各宽1.5米。桥梁面积540平方米。上部结构为简支双层圆木束合梁，每两道梁联结成一组。每孔12组梁，梁上铺单层木板，面层为石灰焦砟。人行道用圆木做纵梁，梁上铺单层木板，人行道外边安装木栏杆。桥墩是圆木桩排架，其中第五墩为双排架，排架间距1.5米，其他各墩均为单排架，每个排架11根桩。桥台和翼墙为木桩后面装木挡板构成，其中承重桩11根，翼墙桩各3根。桥梁设计荷载为汽－10级、拖－60级。该桥由市建设局设计，市第三道路工程公司施工，1953年9月建成后，移交市养路工程事务所管理养护。

1963年5月，进行小修，更换全部桥面板和人行道板。车行道上以石灰焦砟为垫层铺墁长40厘米、宽40厘米、厚10厘米的混凝土方砖为面层，同时全桥进行防腐处理和油饰桥栏杆。

1971年，在原桥位处改建成一座3孔钢筋混凝土梁式桥。市市政设计院在设计中，根据水文地质勘探资料和凉水河水位较高的情况，采用管柱式桥墩。桥梁上部结构为3孔简支预制的预应力混凝土宽腹T形梁，梁腹带宽50厘米。每孔11片梁，安装后焊接联结。车行道部分在梁上依跨分段浇注钢筋网混凝土面层，桥面两侧设人行道及桥栏杆。人行道下埋设电缆管线。下部结构，桥墩为预制钢筋混凝土方形管柱，每个桥墩4根柱，柱上筑钢筋混凝土盖梁。两侧桥台采用U形块石砌体重力式台身，混凝土板式基础，台身上有钢筋混凝土台口和雉墙。T形梁的支承点各设置两块橡胶板式支座。梁头接缝均为简易填料式伸缩缝。桥梁设计荷载为汽-18级、拖-80级。该工程由市第二市政工程公司承建。新建混凝土桥全长50米，跨径15.04米，桥宽17.5米，其中车行道宽14米，两侧人行道（含栏杆）各宽1.75米。桥梁面积875平方米。

此项工程于1971年5月开工，9月建成通车，10月验收后由市市政工程管理处接管养护。由于该桥是第一次采用管柱式桥墩的桥梁，接管后即开始进行桥墩和桥台的沉降监测，一年后桥墩沉降值均小于10毫米，各墩台最大沉降差为4毫米，遂停止监测。

三义庵桥

位于原广安门外三义庵村北口，依此取桥名为三义庵桥。

1957年，在甘石桥以北地区建设北京钢厂，将甘石桥以北莲花河的一段河道改建成厂内排水暗沟，同时在钢厂的两边新开挖一段河道，在新河道穿过广安路的地方修建这座桥梁。

桥梁工程由市市政设计院设计，市第二道路工程公司施工。桥梁的主体结构为3孔连续钢筋混凝土变截面双悬壁板梁、直腿刚构体系。板梁上的车行道浇注混凝土面层，于其两侧设人行道和桥栏杆。两道直腿均为30厘米厚的整薄壁形式，直腿脚立于钢筋混凝土条形基础上。桥台的前墙为混凝土重力式构造，其翼墙是利用拆除原广安门外石板道的条形石板所砌筑、桥下铺砌块石海墁。桥梁的设计荷载为汽-18级、拖-80级，桥梁全长33.7米，中孔跨径为8米，边孔的跨径为6.15米。桥梁宽43.5米，其中车行道宽35米，两侧的人行道（含栏杆）各宽4.25米。桥梁面积为1466平方米。

桥梁工程于1957年7月开工，施工初期遇有粉砂地层，地下水位较高，施工困难。不久又因道路的规划设计拟作变更而使桥梁工程暂停一段时间，致使施工期长达10个月之久，1958年5月才全部竣工。当月由市道路工程局主持工程验收，同时将设施及其竣工资料移交市道路管理处。

什坊院桥

位于莲花池西北方的什坊院村南口处。该桥属于莲花池西路上跨过新开渠的一座混凝土梁式桥，1971年建成。

1955年，修建北京至周口店道路（京周公路），市区路段为莲花池东路、莲花池西路，系在原正阳门至卢沟桥的废弃铁路基上修筑。该桥位处曾有一座铁路钢梁桥,铁路拆除后,其钢梁未拆,以供行人通行。

1957年春季,由市养路工程事务所将钢梁拆除,在原混凝土桥台上建成一座2米宽的木面行人便桥。

1970年,修建莲花池西路工程将木面及其桥台全部拆除,新建什坊院桥。

该桥为3孔混凝土板梁桥,由于河道与道路呈斜交,故将桥梁设定为斜桥。但是各道板梁的端面仍垂直于道路中线,因此将全桥建成3道互不联结的3孔桥梁结构体,每道结构体的下部构造,各有一根混凝土灌注桩构成一个钢筋混凝土T形柱,其盖梁亦垂直于道路中线。桥台桩的后面,沿河岸方向用块石砌筑重力式挡墙,于其两侧顺道路方向砌筑块石重力式翼墙,各道桥面的每一孔为5块简支先张预应力混凝土空心板梁,板梁上浇注钢筋网混凝土面层。桥上两侧设人行道和桥栏杆,板梁两端的支承面中为一层1厘米厚的橡胶板。桥梁的设计荷载为汽-20级、挂-100级,桥梁全长34.8米,各道桥面长均为27.1米,各孔的跨径均为9.04米。桥梁宽15米,其中车行道宽12米,两侧的人行道(含桥栏杆)各宽1.5米。桥梁面积522平方米。

桥梁工程由市市政设计院设计,市第二市政工程公司承建施工,1970年9月开工,桥梁和道路同时配合施工,于1971年4月通车,5月桥梁工程竣工,12月通过工程验收,同时将设施移交市市政工程管理处管理。

跨坝河水系的桥

北小河桥

位于京顺路上,是跨越北小河的一座桥梁。1935年由北平市工务局在北皋桥上游(北皋村以西)建成的一座木桥。在此以前,北京至古北口路由北皋桥通过北小河。

1950年9月,由市建设局道路科作出新建北小河桥工程设计,元大营造厂承包施工,同年11月竣工。新建成的桥是一座3孔木桥(原木桥为单孔),新木桥建在旧木桥的西侧,新桥建成后将旧木桥拆除。新木桥的桥面构造是在圆木纵梁上铺双层桥面板,两侧安装木栏杆,下部构造为木桩排架式桥墩和桥台。桥台两侧有木桩八字翼墙,桥面长10.8米,跨径3.5米,桥梁宽5米。该木桥是为当时急需所修建,桥面高程较低,故在1951年6月将木桥翻修。此工程由市建设局技术室设计,市道路工程事务所施工。翻修主要是提高桥面高程和整修垫高桥头道路,桥梁结构与原木桥基本相同。翻修后仍为3孔,桥面长12米,跨径3.8米,桥面宽6米。工程竣工后,将桥梁移交市养路工程事务所养护管理。

1956年,在京顺路道路改善工程中,将该桥两端的一段道路取直，因而在原木桥以西又新建一座5孔木桥。由于改线道路与河道相交不垂直，故该桥亦建成斜桥，斜度为50度。桥面长19.3米，全长25米，跨径3.8米。桥面宽9米，其中车行道宽7米，两侧各有1米宽的人行道。上部构造的车行道部分，每孔为15根黄花松圆木纵梁，梁上铺单层木桥面板，上面铺装石灰焦砟面层。两侧的人行道构造，每孔各为1根圆木边纵梁，边梁与车行道边木上横铺单层木人行道板，其外侧安装木桥栏杆。下部构造全部采用圆木桩，各以7根桩构成排架式桥台和桥墩。桥台的两侧，沿道路方向用红机砖砌筑重力式翼墙及护坡。桥梁的设计荷载为汽-10级。此项工程由市市政设计院设计，市第三道路工程公司施工，1955年10月开工，1956年1月竣工。旧木桥依然保留。

1963年8月8日，北京普降特大暴雨，洪水漫过旧木桥。同年10月，将旧木桥拆除。

由于交通运输的发展，木桥的承载能力已不能适应运输的需要。1969年2月，由市市政设计院设计，市第二市政工程公司施工，将北小河木桥改建成一座3孔混凝土梁式斜桥。斜度50度，改建工程于1970年2月开工。桥梁上部构造为简支钢筋混凝土宽腹T形梁，每孔6片预制T形梁。梁长9米，宽1.6米，高0.45米，梁端斜度为50度。翼板下只有端隔板而不设中间横隔板，翼板上的两边留出环形锚筋。桥面试用了浇注5～8厘米薄层钢筋网混凝土面层，两侧安装混凝土桥栏杆。于地栿内侧立装一道防护道牙，桥墩采用混凝土灌注桩双桩式钢筋混凝土桥墩。桥台为混凝土基础，块石砌筑重力式U形桥台，前墙上浇注钢筋混凝土台帽和雉墙。桥台前及翼墙的外侧砌块石护坡，道路边沟出口设水簸箕，T形梁的支承点处采用1厘米厚的橡胶板。桥梁的设计荷载重为汽-13级、拖-60级，桥梁长32.3米，跨径9.03米，桥梁宽9.8米，其中车行道宽8.8米。桥梁面积317平方米。工程于1970年7月竣工，市市政工程管理处验收并接管养护。

1980年，在京顺路扩建时，又将该桥进行翻修。此工程仍由市市政设计院设计，市第三市政工程公司施工。为了不断绝交通施工，采取半幅施工方法，为此将桥梁设计成结构相同而互不联结的两幅桥梁。新桥的上部结构为简支先张预应力混凝土空腹T形梁连续桥面体系，每孔为18片预制T形梁，每幅为9片梁。梁的翼板之间采用湿接方法使其相连，梁上浇注钢筋网连续面层，两侧设人行道和桥栏杆。桥墩每幅均采用3柱式钢筋混凝土灌注桩桥墩。桥台构造为混凝土基础，块石重力式前墙和翼墙，分为

北小河

两幅施工。桥梁支座全部采用橡胶板支座。东侧一幅的桥头伸缩缝采用双角钢护口填料式做法，西侧一幅的北桥头伸缩缝采用一侧角钢护口添料式做法，其南端的伸缩缝未做钢护口而直接添加沥青混合材料。桥梁的设计荷载为汽-20级、挂-100级。桥梁长46.9米，跨径12.04米，桥梁宽29米，其中车行道宽25米，两侧的人行道包括桥栏杆各宽2米。桥梁面积1360平方米。此项工程于1980年12月开工，1982年6月全部竣工，并通过工程验收。由于竣工资料不完整，直到同年9月才由市市政工程管理处接管该项设施。

拆除的原桥钢筋混凝土宽腹T形梁和盖梁存放在桥南东侧的旧路上。1982年，将旧T形梁全部用于周家巷桥。1986年6月，在桥台前和翼墙外侧铺砌块石护坡，同时将桥梁四角的道路边沟出口，用块石砌筑水簸箕。

酒仙桥

为今酒仙桥路上的一座桥梁。1951年春，市建设局养路工程事务所进行桥梁普遍调查，当时该桥是两孔石台木墩木面桥。桥面长8.4米，桥面宽4.2米。经向当地了解，该桥原是一座两孔石板梁桥，在1936年至1937年间改建成木桥。石桥台未动，将中间的石桥墩拆除，改成一个木桩桥墩。

1955年，修筑电子工业区通往生活区的道路（当时该路称为厂西路）时将旧桥拆除，改建成一座4孔木桥。桥梁工程由市建设局设计处设计，市道路工程公司施工，1955年8月开工，9月中旬完工。新建木桥的桥面是以黄花松圆木为纵梁，每孔14根梁。梁面板试用密排立板的做法。木板的厚度为6厘米，木板的宽度有9厘米和12厘米两种，将两种木板相间竖置排于纵梁上，使桥面板的上面形成横槽，上面铺筑沥青混凝土面层，桥面两侧安装木栏杆。下部构造全部采用圆木桩，各以8根桩构成排架式桥墩和桥台，桥台两侧各有3根八字翼墙桩。桥梁的设计荷载为汽-10级。桥梁全长23米，桥面长15.5米，跨径3.8米。桥面宽12米，无人行道。桥梁面积276平方米。竣工后经工程验收，将设施移交市养路工程事务所管理养护。

桥梁建成一年后，桥面沥青面层上出现横向沟状，分析其原因，是由于桥面板上面有横槽，造成沥青面层的铺筑厚度不一，压缩量不等所致。俗称搓板状。但未发现有裂缝。

1963年6月间，由市市政工程管理处将桥面铺装改为混凝土大方砖。1964年汛期两头桥台的底部被水冲空，8月间在桥台前和翼墙外侧砌筑块石护坡。

1967年将木桥改建成一座两孔钢筋混凝土梁式桥，桥面为简支钢筋混凝土空心板梁，每孔15块预制板梁，采用焊接方法使15块板梁联结成整体，板梁上两侧设人行道和桥栏，车行道部分在板梁上直接铺筑沥青混凝土面层。桥梁的下部构造，桥台为混凝土基础带八字翼墙，重力式块石砌体，前墙浇注钢筋混凝土台帽和雉墙。桥墩为混凝土基础，直墙式墩体，上面筑钢筋混凝土墩帽。板梁的支承面采用油毡垫。桥梁的设计荷载为汽-18

级、拖-80级，桥梁全长20米，桥面长18米，跨径9米。桥梁宽15米，其中车行道宽12米，两侧的人行道包括桥栏杆各宽1.5米。桥梁面积300平方米。由市第二市政工程公司施工，1967年3月开工，5月建成。竣工后未进行工程验收。

1974年，朝阳区水利局在坝河疏浚工程中将桥下铺筑混凝土海墁，海墁下游设铁水，同时在翼墙外侧砌筑块石护坡。

1983年，由市市政工程管理处实施酒仙桥路加宽工程，同时将该桥相应加宽。同年7月桥梁加宽工程开工后不久，因为河道的规划拟作变更，一度停工，后按照临时性桥梁加宽方案重新设计，以适应道路的加宽工程需要。桥梁加宽工程于1984年3月复工，8月竣工。桥梁东侧加宽2米，西侧加宽5米，共计加宽7米。加宽后全宽达到22米，其中车行道宽度18米，两侧的人行道包括桥栏杆各宽2米。桥面总长35米。此次加宽未做桥台加宽，是在原有的八字翼墙上浇注钢筋混凝土枕梁作为桥台，在原桥墩和桥台的外侧各加设一根钢筋混凝土桩柱，盖梁各与相邻的桥台、桥墩相联结。加宽部分的桥面构造，由于两侧所加的宽度不同，所采用的板梁规格和数量也不相同。加宽部分的板梁安装后，拆去原桥的人行道和栏杆，重新装设桥栏杆和人行道于桥面两侧，车行道上全桥铺筑沥青面层。

三岔河桥

位于三岔河村东南方，跨于坝河上，属于今管庄路上的一座桥梁。

中华人民共和国成立以前,此处曾是一座5孔石板梁桥。1950年上半年,河北省通州地区公路局在整修东管路(东坝至管庄村)的工程中,将石桥改建成一座3孔木桥。

1956年3月,该桥划入北京市界内,从此由市养路工程事务所养护。当时是一座3孔木桥,桥面长14.7米,全长21.5米,跨径4.8米,桥面宽3米,只能通行马车。

1958年5月至6月,由市养路工程事务所将木桥向两侧加宽并加固,使桥梁的荷载达汽-8级。木桥加宽后,桥面宽为5米。1969年,在木桥的西边建成一座单孔混凝土拱式桥。此工程由市市政设计院设计,市市政工程管理处施工。南北桥台原设计断面为梯形的钢筋混凝土多格槽形结构。但当桥台基槽开挖后,发现基底土壤全部为含水饱和腐殖土,在基础标高以下两处为砂层,在桥基北侧以外约2米处发现有石灰土。于是将北桥台依其土壤状况,在其底土层内打入100多根2米长的小木桩,然后浇注基础混凝土,在此基础上按照原设计浇注桥台的结构体。南桥台按照原设计施工,槽形桥台内填充天然级配砂石,上面用块石砌筑重力式挡墙。桥梁的上部结构为钢筋混凝土双曲拱形式。共6道预制钢筋混凝土拱肋,每道拱肋分为5段制成,用湿接方法安装就位成型。各道拱肋之间以横系杆相联结,在拱肋上安装预制钢筋混凝土拱形板,俗称拱坡。上面浇注钢筋网混凝土拱背层,依此形成整体主拱结构,在主拱的上面两端各安装10排复拱墩柱,每排由6根预制钢筋混凝土方形柱构成。复拱采用预制钢筋混凝土微弯板，上面浇注钢筋网混凝土桥面面层，两侧安装混凝土桥栏杆。桥梁的设计荷载为汽–15级、拖–60级。桥梁全长55.2米，跨径42米，矢高4.2米，桥梁宽7.7米，车行道宽7米。桥梁面积425平方米。

该工程于1968年9月开工，1969年6月建成通车，竣工后由市市政工程管理处管理和养护。

亮马河桥

东三环北路上的桥梁，跨于亮马河上，故名亮马河桥。

亮马河桥是1956年新建呼家楼至牛王庙道路工程中新建的一座4孔混合结构桥。桥梁工程由市市政设计院设计，市第三道路工程公司施工，1956年10月建成。桥面结构为连续木板与钢筋混凝土组合板梁，桥面中的木板采用5厘米厚的黄花松板材，木板的宽度有12厘米和9厘米两种，木板的长度为6～8米，将两种不同宽度的木板相间密排，并将木板的接头相互错开，用螺栓横穿于木板中，将木板紧固而成木板梁。在板梁的上面普遍嵌一些钢板锚片，上面浇注钢筋网混凝土桥面，构成4孔连续组合桥面。板梁桥面的两侧各架两根圆木纵梁，梁上铺单层木板成为人行道，在人行道的外侧安装木桥栏杆。梁的下部结构全部采用钢筋混凝土方形桩，每排由6根桩构成一桥墩和桥台，桥台桩的后面砌成块石U形挡墙，桥台前翼墙外侧做干砌块石护坡。桥面的设计荷载为汽–13级，下部结构的设计荷载为汽–18级、拖-80级，桥梁全长30米，桥面长24米，跨径6米，桥梁宽9米，其中车行道宽7米，两侧的人行道各宽1米。桥梁面积270平方米。竣工后随即进行了验收，同时由市养路工程事务所接管养护。

1958年10月至12月，由市第二道路工程公司按照原桥梁结构，向东加宽7米。桥梁加宽部分的下部结构均采用钢筋混凝土圆形桩，桥墩和桥台各以4根桩构成，盖梁与原有桥的盖梁相联结，桥台桩的后面砌块石挡墙和外侧的翼墙。桥台前的护坡全部改为水泥砂浆砌筑的块石护坡。桥面的做法与原桥的做法相同，将原桥东侧的步道和桥栏杆拆除，加宽后于其东侧依旧恢复。桥梁加宽后全宽为16米，其中车行道宽14米，人行道宽仍为1米。桥梁面积480平方米。

1971年12月至1972年1月底，桥面进行翻修，同时将桥墩加固。工程由市市政设计院设计，市第一市政工程公司施工。工程做法是将旧桥面全部拆除，改用简支钢筋混凝土宽腹T形梁，每孔11片预制T形梁，在两侧的边梁上铺装人行道并安装混凝土桥栏杆，车行道部分在梁上直接铺筑沥青混凝土面层，桥墩的加固方法是在桥墩桩的中部加筑一道钢筋混凝土联结横梁，以增强桩的刚度。桥面改建后，其宽度为17米，其中车行道宽仍为14米，两侧的人行道包括桥栏杆各宽1.5米。桥梁的长度未变，桥梁面积为510平方米。新制T形梁的设计荷载为汽-20级、拖-100级。

1980年，将该桥又向两侧加宽，加宽工程由市市政设计院设计，市第二市政工程公司施工。此次加宽工程设计，将加宽部分改为两孔,其下部结构为双柱式钢筋混凝土灌注桩桥墩和桥台,桥台桩的后面及其外侧用块石砌筑重力式挡墙和翼墙。桥梁的上部构造,原设计是原桥的人行道拆除,将原桥的边梁降低,使其梁面与其他T形梁的上面等高。新加宽部分为简支钢筋混凝土T形梁。施工中变更设计,改T形梁为先张预应力混凝土空心板,每侧每孔9块预制空心板梁,板梁上浇注一层钢筋混凝土,使9块板梁联成整体,其上面的外侧设人行道和桥栏杆。新旧桥面的接缝处设隔离带,分隔成桥面中部为机动车道,两侧为慢行车道,最后将全桥车行道铺筑沥青混凝土面层。桥梁加宽后全宽达35.2米,其中机动车道14米,隔离带各宽2.1米,慢行车道各7米,而两侧的人行道包括桥栏杆各宽1.5米。加宽部分的设计荷载为汽-20级、挂-100级。该工程于1980年6月开工,9月竣工。

新东路桥

1978年,修建东兴路工程中,在亮马河上新建的一座桥梁,当时命名为东兴路桥。1980年随道路名称的变更而改名为新东路桥。

新东路桥是一座两孔混凝土梁式桥,其上部结构中的车行道部分为简支钢筋混凝土宽腹T形梁连续桥面,每孔14片预制T形梁,梁上浇注钢筋混凝土连续桥面面层。两侧的人行道下为简支钢筋混凝土箱形梁,每孔每侧为1根预制单室箱形梁,梁上铺堓水泥砖为人行道面层，人行道的外侧安装混凝土桥栏杆。下部结构全部采用混凝土灌注桩，各以 5 根桩构成 5 柱式钢筋混凝土桥墩和桥台，桥台桩的后面砌筑块石重力式挡墙，桥台前砌块石护坡。桥梁的设计荷载为汽 −20 级、挂 −100 级。此桥为斜桥，斜度为 75 度，桥梁全长 30 米，跨径 12 米，桥梁宽 25.6 米，其中车行道宽 21 米，两侧的人行道包括桥栏杆各宽 2.3 米。桥梁面积 768 平方米。

该工程由市市政设计院设计，市第一市政工程公司施工。1977 年 9 月开工，桥梁与道路配合施工，1978 年 12 月全部竣工，1979 年 4 月通过工程验收，同时将设施移交市政工程管理处管理养护。

新源桥

1983 年，在三里屯路跨亮马河处兴建的一座 4 孔混凝土梁式桥。由于道路与河道相交不垂直，故该桥为斜桥，斜度为 80 度。因为桥梁以北属于新源街地区，故名新源桥。

新源桥桥梁的上部结构为简支钢筋混凝土宽腹 T 形梁连续桥面体系。每孔 12 片预制 T 形梁，梁上浇注 4 孔连续钢筋网混凝土面层，构成简支梁连续桥面结构。桥上两侧设人行道和桥栏杆，中间为车行道。下部结构各由 4 根混凝土灌注桩构成的四柱式桥墩和桥台，桥台桩的后面用块石砌筑重力式斜 U 形挡墙，桥台前未做保护。

桥梁长57.6米,跨径12米。桥梁宽19米,其中车行道宽15米,两侧人行道和桥栏杆的宽度各2米。桥梁面积1094平方米。桥梁的设计荷载为汽-20级、挂-100级。

该工程由市市政设计院设计,市第二市政工程公司施工。1983年11月开始施工,中途由于拟修订道路和河道建设规划而停工,直至1985年11月才全部竣工。当年12月通过工程验收,由市市政工程管理处接管养护。

塔园西桥

在东直门外大街路北胡家园胡同北口外,跨于亮马河上游北支流上。因该桥在塔园桥以西,故取名塔园西桥。

塔园西桥是为规划中的春秀桥延长线于1984年修建,由于道路规划尚未实施,因而桥梁未与正式道路接通。

该桥是一座3孔钢筋混凝土梁式桥,桥面为简支钢筋混凝土T形梁连续桥面结构,每孔为12片预制宽腹T形梁。梁上浇注连续钢筋网混凝土桥面面层,两侧设人行道和桥栏杆,桥台为U形混凝土结构。每个桥墩都是由4根混凝土灌注桩构成的四柱式钢筋混凝土结构,桥梁支座全部采用橡胶板。设计荷载为汽-20级、挂-100级。桥梁长38米,中孔跨径15米,边孔的跨径各7.5米。桥梁宽19.2米,其中车行道宽15米,两侧人行道包括桥栏杆的宽度各为2.1米。桥梁面积730平方米。桥梁工程由市市政设计院设计,市第三城市建设工程公司施工,1984年2月开工。

当桥梁主体建成时因故暂时停工，1985年冬季复工，12月竣工。

工程竣工后随即进行了工程验收，同时将设施移交市市政工程管理处管理养护。

小月河上游段桥梁

小月河治理工程中，1985年于其上游段共建桥梁3座。此3座桥梁均非规划道路上的桥，因而未作正式命名。其中豆制品厂桥即位于豆制品厂门前，属该厂的专用桥。一机所桥位于第一机械工业部机械研究所门前，属于该所的专用桥。卧虎村桥位于该村的东口外，属于农村道路上的桥梁。

上述3桥桥梁工程由市市政设计院设计，由于工程所处的条件基本相同，所以桥梁的构造取相同的做法。桥梁的跨径、宽度和设计荷载都相同，均为3孔混凝土梁式桥。其中豆制品厂桥为斜桥，斜度为68.6度。另两座桥为正桥。桥梁的上部结构为连续钢筋混凝土板梁桥面，包括地袱和安全带全部整体浇注混凝土结构体。车行道上浇注混凝土面层，两侧的地袱上安装混凝土桥栏杆。桥墩为整体浇注的钢筋混凝土条形基础和40厘米厚的墙式墩体。桥台为U形钢筋混凝土结构，桥梁支座采用扩大橡胶板式垫块。桥梁荷载为汽-15级。桥梁宽6米，其中车行道宽4.5米，两侧和安全带包括桥栏杆各宽75厘米。中孔跨径11米，边孔的跨径各8.75米，桥面长28.5米。由于各桥的翼墙长度不等，桥梁的全长亦不相等。豆制品厂桥全长33.8米，一机所桥全长

34.8米，卧虎村桥全长31.5米。桥梁面积分别为203平方米、209平方米和189平方米。前两座桥由市城市建设工程公司机械施工公司施工，卧虎村桥由市第二城市建设工程公司承建。此项工程均于1985年3月开工，6月全部建成通车，9月通过工程验收。上述3桥及竣工资料移交海淀区建设委员会养路队管理和养护。

健安三座桥

健安三座桥包括健安桥、健安东桥和健安西桥。这三座桥同属跨于北土城沟上的桥梁，而且相距较近，因而通称健安三桥。

这三座桥均是在北土城沟治理工程期间修建，其中健安桥位于鼓楼外大街上，其他两座桥是为规划线路所预建。

桥梁工程由市市政设计研究院设计，市第一城市建设工程公司承建（包括河道工程）。河道与桥梁工程同时配合施工，其中桥梁工程于1986年9月开工，1988年4月全部竣工。

桥梁工程原设计均为3孔钢筋混凝土T形梁结构。其中健安桥在施工测量中发生误差，使桥梁中线与道路规划中线未能重合而出现交角。由于桥梁两端的道路尚未修筑，致使误差直至T形梁安装后才发现。于是又检查其他两座桥梁，另外两座桥测量无误。经有关部门研究，报市政府批准，决定在健安桥的混凝土结构两侧加筑一道不等宽的石拱结构，使其立面成为拱形桥，以此来调整桥梁的中线，使之与道路中线相重合，同时改原设计的混凝土桥的栏杆为仿古节间式石栏杆。为使3座桥梁的造型相一致，将其余两座桥也采取同样做法变更设计。桥梁建成后，其立面均为3孔连拱石桥，而内部仍为3孔混凝土梁式桥。

健安桥中间部分的桥面结构为简支钢筋混凝土T形梁，每孔28片预制T形梁，每7片梁通过对其接缝的预留钢板焊接而构成整体，梁上按简支桥面浇注钢筋网混凝土面层。桥的中孔为跨河孔，边孔下各为滨河人行道，所以将桥墩设在河道两岸的挡墙中，桥台则设在人行道外的边坡中。桥台和桥墩的基础均为方形钢筋混凝土扩大基础，桥墩的下部构造是在混凝土基础上砌筑的U形重力式前墙和翼墙，前墙做钢筋混凝土台帽和雉墙。桥梁支座全部为橡胶板式支座。为了使边孔内的顶面外观与两侧的拱形构造相一致，在边孔的T形梁下又安装一层预制的钢筋混凝土拱形板。混凝土梁式桥两侧的石拱桥部分，全部采用花岗岩料石砌筑而成。其砌体的规格与中部块石墩台相同，拱碹外面为圆弧形平碹脸，侧墙与碹脸的外面齐。侧墙上做平直单层仰天石。石拱构造的宽度，由于调整桥梁中线而使其南北两端的宽度不相等，其中心横断面的宽度为1.6米。桥上两侧铺装人行道，于仰天石上安装花岗岩石栏杆。桥梁的设计荷载为汽-20级、挂-100级。桥梁全长44.6米，内部梁式桥的边孔跨径各7.5米，外部拱形桥的边孔跨径各6.6米，中孔跨径全部为14米。桥梁全宽48米，其中梁式桥的结构宽度为44.8米，两侧石拱结构的宽度各自平均为1.6米。桥面上中间为机动车道，宽度为24米，而两边各有1.5米宽的隔离带，外边的慢行车道各宽6.35米，两侧人行道包括桥栏杆宽度各为4.15米。桥梁面积2140平方米。

健安东桥和健安西桥的结构、形式和做法与健安桥完全相同，其跨径和设计荷载等级也相同，只是桥梁的长度和宽度各有不同。健安东桥由于其翼墙较短，故桥梁全长为42米，全宽39米。其内部梁式桥每孔为23片预制T形梁，因而结构宽度为36.7米，两侧石拱结构的宽度各为1.15米，桥面上机动车道宽15米，隔离带各宽1.5米，慢行车道各宽6.8米，两侧人行道包括桥栏杆的宽度各3.7米。桥梁面积1638平方米。

健安西桥全长44.6米，与健安桥相同。桥梁全宽37.5米，其中梁式桥每孔为22片预制T形梁，其结构宽度35.1米，两侧石拱结构的宽度各1.2米。桥面上机动车宽度15米，隔离带各宽1.5米，慢行车道各宽6米，两侧的人行道各宽3.75米（含桥栏杆）。桥梁面积1673平方米。

该3座桥梁竣工后，桥面车行道面层普遍产生裂缝，经分析认为混凝土开裂属于混凝土质量不佳所致。作裂缝的发展情况观察一年后，裂缝有所发展，经局部修补，1989年4月通过工程验收，同时将设施移交市市政工程管理处管理养护。

樱花东、西桥

樱花东桥和樱花西桥，分别属于樱花东街和樱花西街上的桥梁，同跨于北土城沟上。

樱花东、西桥均在北土城沟治理工程中同时修建。此项工程由市市政设计院设计，市第三城市建设工程公司承建河道和桥梁工程，桥梁工程于 1987 年 5 月开工，与河道工程同时施工，1988 年 11 月两座桥梁同时竣工。

樱花东、西桥位于健安三座桥的下游，相距较近，于是将该二桥的造型、结构也按照健安三座桥进行设计。樱花东桥和樱花西桥除其宽度不同外，其他各部尺寸以及结构形式、做法完全相同，均为 3 孔拱形立面梁式桥。

桥梁的内部桥面构造均为简支钢筋混凝土 T 形梁，东桥每孔为 21 片预制 T 形梁，西桥每孔为 28 片预制 T 形梁，梁上浇注连续钢筋网混凝土面层，内部梁式构造的两侧各为圆弧形石拱结构，全部采用花岗岩料石砌筑，碹脸的外面与侧墙齐平。侧墙上平砌单层仰天石，形成平直襟边，襟边上安装仿古节间式石栏杆。东桥的桥栏杆石料为草白石，石料产自河北省曲阳县。西桥石栏

樱花东桥

杆的材料产自北京市房山县石窝村，属于大理石类的石材，称为螺丝转石，石质细而坚硬，内含螺旋形花纹。栏杆内侧铺装人行道。桥梁中跨为跨河孔，边孔跨滨河人行道，桥墩设在河岸的挡墙中，桥台设在人行道外的边坡中。桥墩的拱脚以下部分，其外露面用花岗岩料石，内部用块石砌筑重力式挡墙。梁式桥的上半部分桥墩为钢筋混凝土薄壁墩，桥墩的基础与海墁为一体的钢筋混凝土板，桥台是在混凝土基础上砌筑的U形重力式块石砌体，前墙上浇注钢筋网混凝土台帽和雉墙。边孔内的T形梁下面安装预制的钢筋混凝土拱形板，桥梁的设计荷载为汽-20级、挂-10级。桥梁全长42米，内部梁桥的中孔跨径为14.04米，边孔跨径各7.52米。外部拱桥的中孔跨径为13.14米，边孔跨径各7.7米。东桥全宽35.6米，内部梁式结构宽33.6米，外部拱形结构各宽1米。桥面上的中间为14米宽的机动车道，两边有1.5米宽的隔离带，外边为慢行车道，其宽度各6米，两侧的人行道（含桥栏杆）各宽3.3米。桥梁面积1495平方米。西桥全宽48米，内部梁式结构的宽度为44.8米，外部拱形结构的宽度各1.6米。桥上中间为机动车道，宽度24米，两边隔离带各宽1.5米，外边慢行车道各宽7米，两边的隔离带各宽1.5米，外边非机动车道的宽度各7米，两侧的人行道包括桥栏杆各宽3.5米。桥梁面积2016平方米。

  桥梁工程竣工后，由于东桥的桥栏杆中有部分石件出现自然开裂现象，其原因属于石材质量较差所致，经更换新件后，1989年5月，通过工程验收。同年将设施移交市市政工程管理处管理养护。

跨清河水系的桥

玉泉山东桥

位于玉泉山五孔闸的下游,在玉泉山的东墙外,属于玉泉山路上的一座石桥。

1949 年 6 月至 8 月修筑颐香路工程中,在石板桥面上铺筑沥青混凝土面层,并砌筑砖栏杆。1949 年暑假期间,由北平市立高级工业职业学校的师生在市建设局的指导下进行长河水系测量调查,此桥叫五孔桥,是元朝引玉泉山水进都城时修建的,明朝正统年间重修。

1951 年春季,由市养路工程事务所进行桥梁普遍调查,当时该桥是一座 5 孔石板梁桥,桥上有砖栏杆,桥面为石板,上面有沥青混凝土面层。桥台和桥墩均为花岗岩石板砌筑,桥下有石板海墁,桥面长 7.65 米,桥面宽 4.15 米,中孔净跨径 1.9 米,其他 4 孔的跨径均为 1.6 米,桥墩的宽度 1.25 ~ 1.3 米。

1953 年 4 月,由市养路工程事务所将砖栏杆拆除,在桥面石板梁的外侧安装木栏杆,以增大桥面净宽。

1971 年 6 月间,由市市政工程管理处做桥梁加宽工程设计并施工，原石桥未动，向两侧加宽。加宽部分均改为 3 孔，其上部构造采用预制钢筋混凝土板梁，上面满铺沥青混凝土面层。下部构造采用块石砌筑墩台，设计荷载为汽 -13 级、拖 -60 级。石桥加宽后全宽达到 7.2 米，桥长未变更。加宽部分的跨径为 4.45 米、1.9 米、4.45 米。桥梁面积 55 平方米。

景陵桥

位于青龙桥北街的北口，跨于北旱河上。据 1936 年《北平市工务局二十五年八月桥梁状况月报》中记载："景皇桥位于青龙桥后街，所在道路为青龙桥至香山路，桥梁类型为石板桥，桥脚构造石砌，桥幅 3.5 公尺，载重 6 吨，基本完整。"依此该桥亦称景皇桥。

1951 年 4 月，市养路工程事务所对该桥迤北的红山口道路实施碾压保养时对景陵桥进行调查，桥头曾有重修景皇桥石碑。该桥是明朝初年修成的石桥，是当时从万寿山去南口的道路必经之桥。当时此桥是一座 5 孔石板梁桥，桥上无栏杆，两侧各有一道条形石料作为护栏。桥面为花岗岩条形石板，每孔 5 块石板梁。桥台和桥墩均为花岗岩石板砌筑。桥下有石板海墁，桥面长 18.5 米，宽 4.1 米。净跨径约 2.6 米，桥墩宽 1.15～1.2 米。

1958 年 5 月，由市养路工程事务所做改建桥面工程设计并施工，将石板梁全部拆除，利用原有的下部构造，建成木面桥。每孔 11 根黄花松圆木纵梁，车行道下为 9 根纵梁，梁上铺双层木桥面板，两侧设人行道，人行道外安装木栏杆。改建后桥长 18 米，全长 20.8 米。桥面全宽为 5.4 米，其中车行道宽 3.9 米，两侧人行道各宽 0.75 米。桥梁的设计荷载为汽 -10 级。

1960 年 11 月，实施景陵桥中修工程，将桥面全部翻修，仍为木结构。为了节省木材和提高桥梁的承载能力，在桥墩上各设置两根枕梁，使纵梁的跨径减小，并在桥墩上形成 1 孔小跨径的纵梁。桥梁的长度和宽度未做变更，只是将车行道改为在单层桥面板上铺筑石灰焦砟面层。翻修后桥梁承载达到汽 -13 级。

1982 年 10 月，实施景陵桥大修工程，由市市政工程管理处做桥面改建工程设计并施工。此次大修工程将桥面全部拆除，将上部构造改换成简支钢筋混凝土板梁，为了缩短施工工期，全部混凝土构件均为预制件。桥墩上仍设置两道钢筋混凝土枕梁，每道枕梁分为两段预制，每段长 2.25 米，宽 0.4 米，高 0.35 米，桥台上安装 1 道枕梁。每孔安装 5 块 3 米长的钢筋混凝土预制板梁，每个桥墩上安装 5 块 0.75 米长的钢筋混凝土板梁，每块板梁的宽度均为 0.9 米。桥上两侧安装钢筋混凝土预制桥栏杆，车行道部分在板梁上铺筑沥青混凝土面层。同时将桥台燕翅石墙予以复原安装修整，将下部构造的石料接缝全用水泥砂浆勾严。设计荷载为汽 -15 级、挂 -80 级。改造后桥面长为 18.1 米，全长 21.7 米。桥面全宽 4.50 米，桥面净宽 3.9 米。

广济桥

位于北郊清河镇南口，跨于清河上，通称清河桥。

该桥是一座 3 孔连拱石桥，建成于明永乐十四年（1416 年）。元代是大都通往居庸关外大道上的一个渡口，元末曾建季节性木桥。明永乐年间在昌平县天寿山修建皇陵时，修整京城通往皇陵的道路，南起德胜门，经元大都城的健德门、过清河店（今清河镇），往北经沙河店（今沙河镇）、昌平县城至皇陵区。修路期间重修健德门穹桥及其迤北的卧虎桥、新建广济桥。

1939 年，从德胜门外的功德林东口至清河镇东北处，在旧路的东边修筑了一条新土路，当时称平张路南段新线，后又称德清路。从此旧路在广济桥迤南就逐渐变成了排水沟，致使石桥东南驳岸被冲出一道豁口。

1949 年以前，广济桥属北平市工务局维修管理。1949 年 4 月由北平市建设局接管养护。原工务局档案中没有该桥的资料，经调查广济桥通称清河桥。石桥上游的石砌驳岸原有长度百米有余，1937 年雨季洪水冲毁了驳岸，在石桥西南岸溢流出槽，顺桥南的车道流向双泉堡和苇子坑一带。1938 年雨季前，仅修堵决口，未修复石砌驳岸。

1951 年春季，由市建设局养路工程事务所对广济桥进行全面维修，同时进行桥梁测绘并建立技术档案。当时桥北端的八字栏杆被垃圾埋没，燕翅上也堆满垃圾，栏杆外的金边上积满泥土。桥南燕翅上和凤凰台上及侧墙石缝中都生有小树。此次维修都做了清理并将栏杆接缝用水泥砂浆勾抹严密。

实测石桥全长 50.15 米，其中桥身长 36.8 米，南北桥垛各长 6.66 米。桥宽 12.46 米。桥面净宽 11.5 米，中孔跨径 6.37 米，边孔跨径 5.87 米。石桥造型属 3 拱连拱式，中孔略高于两边孔。桥面纵向断面坡度线呈正圆弧形竖曲线，两侧有节间式石栏杆，由望柱、栏板和抱鼓石组成，每侧有望柱 24 根，其中八字栏杆望柱各 2 根（不含角柱）。西侧栏杆两端的抱鼓石丢失。

1963 年 7 月 24 日，洪水将北孔西侧拱顶及其以上的侧墙冲塌，致使部分金边和地栿也落入水中，洪水过后发现两桥墩的下游部位亦被冲塌。汛后由市市政工程管理处将北孔拱上损坏部位做临时性修复。1964 年 4 月，将桥台后部修复，同时将分水尖的松动石件予以安装复原。

1980 年年初，市水利局和市规划管理局在拟订清河治理工程方案时，向市文物事业管理局提出拆除清河石桥的建议，市文物局同意后，报请市政府批准，同意拆除石桥，并在原桥位建一座钢筋混凝土桥。当时桥梁养护部门提出应保留这座有 500 多年历史古桥的建议，并征求了有关专家学者的意见。国家文物管理局通知市文物局要保留广济桥。

1981 年春，由市规划局、水利局、市政工程局、文物局和市市政设计院几经讨论，拟订出将广济桥易地重建方案，报请市政府批准后，由市市政设计院负责广济桥易地重建工程和新建混凝土桥梁工程设计。

广济桥易地重建工程由市第二市政工程公司承担，1983 年 3

月开始拆石桥，拆桥过程中桥梁养护部门通过测量、拍照、记录了石桥的内部构造，拆下的石件都逐一编号登记和保存。

1984年10月，广济桥重建工程开工。新址在原广济桥东南方的小月河上。重建后的石桥改为东西方向，桥长、桥宽、孔数、跨径及其外露形式与原桥相同。内部构造则将桥台和桥墩的基础改为单独的浅埋混凝土条形板块。桥台和燕翅改为重力式石板砌体，桥台和桥墩的高度都减少了一层石板，内部取消了石板之间的铁拉条。桥台的后面改填石灰土；桥墩后部加长0.39米。侧墙改为重力式石板墙，墙内改填石灰土并将上层燕翅墙与侧墙联砌成一体。在拱脚外增砌1.6米高的块石护拱，海墁改为利用原块石用水泥砂浆砌成。原有六道纵向联结石截断，改为只是两端外露的12个勾头石。取消了石板海墁和驳岸等。全部重建工程于1985年6月完成。

肖家河桥

位于颐和园迤北肖家河村内，跨过肖家河。据在该地了解，肖家河是明代一肖（萧）姓大户家捐资开挖河渠并修建该石桥，由此得村名。从前桥头曾有断碑石。

该桥原是一座3孔石板梁桥，桥上有罗汉板式护栏。桥面为花岗岩条形石板，每孔8块石板梁。桥台为带燕翅形，桥墩的两端均为尖形，桥墩和桥台均为花岗岩石板砌筑。桥下有石板海墁，桥面长12米，桥面宽3.8米,中孔净跨径3.2米,边孔跨径均为2.75

米。桥墩宽 1.25 米，桥墩全长 5.19 米。桥台前墙长 4 米。燕翅墙长 5.4 米。

1958 年 9 月，由肖家河村农业生产队疏浚河道并将此桥向东加长两孔，利用东桥台再做加宽，仍然形成两端尖形桥墩。改造后桥宽 6.4 米，全长 10.5 米。新做的桥墩尺寸和做法与原有桥墩相同。新做东桥台与原有桥台基本相同，新接长的两孔跨径略有不同，西孔跨径 2.6 米，东孔跨径 2.4 米。

此桥属农村道路桥梁，未纳入市政设施养护和管理。

虹桥

位于圆明园南门外，跨于万泉河上，属于颐和园路的一座桥梁，清代修圆明园工程期间建成。初建为 3 孔石拱桥，命名为虹桥。清光绪年间修建颐和园期间，将石拱桥改建成石板梁桥。

1951 年春季，由市养路工程事务所进行桥梁普遍调查，当时该桥是一座 5 孔石板梁桥，桥面为花岗岩条形石板梁，每孔 9 块，桥台和桥墩均为花岗岩石板砌筑。桥上有罗汉板式桥栏杆，栏板石料多数为白石，小量为汉白玉石料。桥下有石板海墁，桥墩和桥台的西端有闸板槽。桥面宽 7.35 米，桥面长 16.8 米，全长 19 米，其跨径分别为 2 米、2.3 米、2.6 米、2.3 米、2 米。桥墩宽均为 1.2 米，桥墩全长均为 9.15 米。桥台前墙长 7.75 米。

1953 年 9 月至 11 月，由市建设局工程处桥涵工程事务所将该桥加宽改造，由市建设局技术处做工程设计。此次改建将北 2

孔桥面拆除，用土将桥孔填堵，将南3孔向两侧加宽，东侧加宽5.11米，西侧加宽3.84米，将桥面全部改换成钢筋混凝土板梁，桥栏杆仍利用原有石件。车行道在板梁上铺筑沥青混凝土面层，加宽部分的桥墩和桥台改用混凝土基础，上面用石板砌筑。桥台仍为带燕翅形式，桥墩仍旧做成两端尖。原有的石板海墁以外用混凝土加宽。桥梁设计荷载为汽−10级。

1984年，在治理万泉河水系工程中，由市市政设计院做工程设计，由市第一城市建设工程公司施工，将原虹桥全部拆除，新建成一座单孔混凝土梁式桥，结构为整体浇注的钢筋混凝土肋桥，重力式混凝土桥台。桥栏杆为白石罗汉板形式，桥梁的设计荷载为汽−20级、挂−100级。桥长11.4米，桥宽19米，跨径11.4米。桥梁面积为217平方米。此工程1983年11月开工，1984年6月建成，9月通过工程验收后，由市市政工程管理处纳入市政设施管理。

清河大桥

位于清河桥（广济桥）的下游，属于昌平路上跨越清河的一座桥梁。该桥始建于1939年，由伪华北建设总署在德清路改线工程中所建。初建为4孔木桥，桥长约18米，桥宽4米，在当时此桥尚属一座较大的木桥，故称清河大桥。

1952年，由市建设局道路科作出设计，市道路工程事务所将木桥重建，系修筑昌平路所建临时便桥。桥面长18.7米，共5孔，跨径3.7米，桥宽4米。桥面构造是以黄花松圆木为纵梁，每孔8根，梁上铺单层木桥面板，上面铺石灰焦砟面层，两侧安装木栏杆。桥台和桥墩均为木桩排架式构造，每排4根桩。桥台的两边各有翼墙桩两根。桥梁的设计荷载为汽-8级。桥梁重建工程于1952年9月开工，11月建成通车。之后由于道路工程推迟实施，便桥宽度不能适应交通需要，故在1953年10月至11月，仍由市道路工程事务所将木桥向两侧加宽3米，使桥面宽达到10米。其结构与原桥相同。同时将旧桥面铺装拆除，全部重新铺石灰焦砟层，上面铺筑沥青混凝土面层。

1957年昌平路混凝土路面工程完成后，因清河治理工程尚不能实施，于是由市养路工程事务所设计并施工，于是年5月至6月将木桥向两端各加长1孔，并做桥面加固。加长做法是利用原有桥台的承重桩改成桥墩，重新各打入8根承重桩和4根翼墙桩构成新桥台，加长孔的纵梁为20根。桥面宽与原桥相同，跨径为3.8米。桥面的加固方法是在每孔跨中的纵梁下挂1根圆木横梁，提高每孔纵梁受力的横向分布能力。纵梁加固后，将桥面铺装予以翻修，改沥青面层为混凝土大方砖面层。同时将木桥两端未铺筑混凝土路面的路段，也铺装成混凝土大方砖路面。加长后的桥面长为26米。加固后桥梁承载接近汽-10级。

1963年8月9日，洪水将西桥台和桥头道路冲毁，由于市市政工程管理处及时抢修，当日午夜恢复通车。洪水退后，8月下旬由市市政工程管理处将木桥南端又加长1孔。由于当时已开工修建永久性清河大桥，此次桥梁加长工程属于临时措施。

清河大桥改建工程由市市政设计院设计，市第二市政工程公司施工，1963年7月开工，12月竣工。改建后的清河大桥是一座4孔钢筋混凝土梁式桥。由于河道略有调直，将桥位稍向南移。桥梁的上部结构为简支钢筋混凝土板梁和箱形梁。每孔的两边各为1根预制箱形梁，中间为15块预制板梁，板梁的上面做出横槽，以增强板梁与面层的结合力。板梁的两侧预留出燕尾槽，以做板与板间的联结点。板梁上按简支浇注钢筋混凝土面层，两侧的箱形梁内敷设电缆，梁上铺水泥九格砖人行道，外侧安装混凝土桥栏杆。下部结构全部采用钢筋混凝土矩形灌注桩，其断面长为30厘米，宽35厘米。桥墩和桥台各为单排9根桩，桩上筑钢筋混凝土整盖梁。桥台桩的后面用块石砌重力式U形挡墙，桥台前砌块石护坡，桥梁全长31.3米，跨径6.82米，宽17.5米，其中车行道宽14米，两侧的人行道（含桥栏杆）各宽1.75米。桥梁面积548平方米。桥梁的设计荷载为汽-13级、拖-60级。工程竣工后，经市市政工程局主持工程验收，同时将桥梁及竣工资料移交市市政工程管理处。

1981年，清河治理工程开工。为了配合河道治理，同时又因该桥的承载力和宽度不能满足交通需要，于是将旧桥拆除，重建新桥。此工程由市市政设计院设计，市第二市政工程公司施工。由于道路中线与河道的规划中线不垂直，将桥梁建成斜桥，斜度为70度。新桥是一座钢筋混凝土梁式桥，其上部结构为简支先张预应力混凝土空腹T形梁，每孔21片预制单圆孔空腹T形梁，梁上按简支桥面浇注钢筋网混凝土桥面面层，两侧设人行道和桥栏杆。桥面中部为机动车道，慢行车以隔离带相隔、分设于两边。下部结构全部采用钢筋混凝土灌注桩，桥墩和桥台各为 7 根桩，桩上筑钢筋混凝土盖梁。桥台桩的后面用块石砌筑 U 形挡墙，桥台前铺墁混凝土大方砖护坡。桥梁长 66.9 米，跨径 15.04 米。桥梁宽 33.6 米，其中机动车道宽 16.5 米，隔离带各宽 1.25 米。慢行车道（含栏杆）各宽 7.3 米。桥梁面积 2248 平方米。桥梁的设计荷载为汽 -20 级、挂 -100 级。该工程于 1981 年 8 月开工，1982 年 5 月通车，9 月全部竣工。

施工期间，当空腹 T 形梁运至工地后，发现全部梁腹的两端两侧都出现斜向裂缝 2~4 条，缝长 20~40 厘米，最大缝宽 0.5 毫米，由市市政工程研究所就地选出 1 片梁进行荷载试验，测试所得数据均能满足设计要求。于是将裂缝用树脂胶加以封堵，将这批预制梁全部安装使用。此工程于 1983 年 9 月通过验收，移交市市政工程管理处管理养护。

沙子营桥

位于沙子营村北口，跨于清河上，昔日此处曾是渡口。1958 年 5 月，由公社出资在村北口偏东处建成一座季节性木桥，桥长 50 米，桥宽 9 米，命名跃进桥。汛期必要时将全部桥栏杆和中间的几孔桥面拆卸，仍靠木船过河，汛后再将桥面恢复。1964 年以后，因汛期河水流量减少而不再拆卸桥面。1968 年 1 月至 1969 年 5 月，市第一市政工程公司修筑从来广营村经沙子营村至顺义县后沙峪村的道路时，1969年4月，在该木桥的西侧建成一座7孔钢筋混凝土梁式桥，命名沙子营桥。

当时桥梁跨过的河道属于温榆河。1981年，在清河与温榆河治理工程中，将清河汇入温榆河的交汇口改在沙子营桥的下游，从此该桥跨越的河道成为清河。

桥梁的上部结构为7孔简支钢筋混凝土双圆孔空心板梁，每孔7块，板梁上留有横向联结槽，安装后上面按板梁长分段浇注钢筋网混凝土面层。桥梁设计中的桥面高程是按50年一遇的洪水流量设定，桥面可过水，故将两侧的桥栏杆做成可拆卸式钢管栏杆。栏杆下不设地栿。下部结构全部采用钢筋混凝土灌注桩为墩台柱，各以两根柱上浇注钢筋混凝土盖梁而构成双柱式桥墩和桥台，桥台后面砌块石挡墙。

桥梁全长64.16米，跨径均为9.02米。桥宽7米，其中栏杆以内净宽6.5米。桥梁面积449平方米。

此项工程由市市政工程设计院设计。桥梁设计荷载为汽-10级、拖-60级。1970年3月验收后，由市市政工程管理处接管养护。同年9月，在桥台前面砌筑块石护坡。

立水新桥

位于立水桥的南面。1980年，清河治理工程中将立水桥上下游的一段河道裁弯取直，在立水桥以南新开挖一段河，在新河道上按照安立路的规划线位置修建此桥。由于立水桥仍然保留，故命名为立水新桥。

该工程由市市政设计院设计，市第一市政工程公司施工，1980年1月25日开工，7月25日竣工。

立水新桥是一座5孔混凝土梁式桥。设计荷载为汽-20级、挂-100级。上部构造采用简支先张预应力混凝土单孔空腹方形梁，每孔11根预制方形梁，梁间搭以预制钢筋混凝土薄板作为模板，梁上浇注连续钢筋网混凝土桥面板，构成简支梁连续桥面结构体系。桥面板上铺防水层，桥面两边设人行道和桥栏杆。车行道部分浇注钢筋网混凝土面层。下部构造全部采用混凝土灌注桩，各以5根桩筑以钢筋混凝土T形断面的盖梁为桥墩和桥台，桥台桩的后面用块石砌重力式U形挡墙。桥梁支座全部采用橡胶板式支座。由于道路和河相交不垂直，故该桥为斜桥，斜度为35.5度，桥梁长80米，跨径15.04米，桥梁宽18.5米，其中车行道宽15米，两侧的人行道包括桥栏杆各宽1.75米。桥梁面积1520平方米。

施工中，当预制方形梁运至工地后，发现全部梁的两侧有2～3道斜向裂缝，裂缝最宽达到0.8毫米，经检查分析，认为原设计梁端箍筋的间距较大，梁在预制中又采用了较细的箍筋，致使在受张拉钢丝放张后而产生梁端侧面开裂现象。经验算，梁的承载力尚能达到设计标准。验收后，交由市市政工程管理处养护管理。

道路立交桥

道路与道路在不同高程上的交叉，简称立交。立交形式多种多样，主要由桥梁及供上下各层道路之间相互连通的匝道、构筑物等构成。桥梁是立交主体构筑物，习惯上将立交称为"立交桥"。

北京市1966年开始修建了阜成路立交桥、车道沟立交桥、八里庄立交桥三座既跨路又跨引水渠的立交设施，开创了北京市修建立交的先河。1974年在二环路上修建了复兴门立交桥，这是在城市主干道上跨越道路的第一座互通式立交设施。

二环路上的立交桥

朝阳门桥

在原朝阳门处建成的一座环岛形分离式立交桥，1988 年正式命名朝阳门桥。该工程由市市政设计院设计、基建工程兵施工，1978 年开始桥梁基础施工，1980 年 9 月全部建成。

该立交由两座相距 58 米平行布置的梁式桥组成，梁式桥和桥头路将两桥连通形成环岛，东接朝阳门外大街，西接朝阳门内大街，供快慢车和行人直行或转弯行驶。桥下为二环路（桥南为朝阳门南大街、桥北为朝阳门北大街），中 2 孔为快车道，两边孔为慢车道。

两桥结构相同，都是 4 孔，两边孔是整体浇注的简支钢筋混凝土肋板梁。中间两孔是整体浇注的连续钢筋混凝土肋板梁。车行道为混凝土面层。采用 U 形混凝土重力式桥台。中墩为钢筋混凝土薄壁型墩柱。两桥边墩各为 8 对钢筋混凝土方形柱。每座桥长 45.76 米，边孔跨径 10.46 米，中孔跨径 12.73 米，桥宽 21.5 米，其中车道宽 16.5 米，内侧人行道（含栏杆）宽 1.5 米，外侧人行道（含栏杆）宽 3.5 米。桥梁总面积 1968 平方米。桥梁设计荷载为汽－20级、挂－100级。每座桥的两头各设有1处人行梯道。桥区全部挡墙均采用预制钢筋混凝土直墙做法。

工程于1981年9月验收后,由市市政工程管理处接管养护。通车后,由于交通量较大,非机动车较多,造成交通不畅,便在桥上增设快慢车道分隔设施。与朝阳门桥形式结构、布局相似的还有东四十条桥、东直门桥、安定门桥、德胜门桥等4座立交桥。

建国门桥

建设在东长安街与东二环路交会处的一座道路立交。因桥处于原建国门位置,故命名为建国门桥。

该桥是当时计划中最大的一座立交工程,是市政建设工程中的重要项目之一。市市政设计院先后推出3个方案,最后由市规划管理局主持,组织设计、施工、养护、交通管理等部门集体研讨,确定选取按快慢车分层行驶的三层互通式立交方案进行建设:上层为建国门内、外大街的机动车道,下层为建国门南、北大街

建国门桥

的机动车道。非机动车和行人在中层行走。

　　该立交桥以一座快车主桥为中心，周围对称分设8座桥，再以4条匝道将上下层机动车道连通，构成互通式立交。为了降低设计总高度，主桥和两座非机动车桥的上部结构采用预应力混凝土箱形梁，其余6座桥的上部构造都采用双孔小跨径钢筋混凝土桥梁。为保留古观象台，将立交桥的上下层道路设计斜交，将跨过下层道路的一座主桥和两座非机动车桥相应设计为斜桥。其斜度均为2.307度。全桥各引道都采用挡墙内填土做法。以上9座桥的总面积为3870平方米。桥梁设计荷载除两座慢车桥为汽-15级外，其余7座桥均为汽-20级、挂-100级。此项工程由市市政设计院设计，基建工程兵施工，1977年4月开工。

　　施工中主桥上部构造是单跨预应力混凝土箱形梁。桥台为混凝土重力式结构。跨径29.22米，桥梁长29.3米。桥宽22米，其中车行道宽28米，两侧人行道各宽2米（含栏杆）。引桥位于主桥的东西两端，跨过中层的非机动车道。两桥结构相同，上部结构为双孔连续钢筋混凝土板梁，桥台为混凝土U形重力式结构。桥墩是在混凝土条形基础上安装9根钢筋混凝土方形柱，柱上筑一体整盖梁而形成。桥长17米，车行道孔的跨径10.21米，人行道孔内跨径6.91米，桥宽与主桥相同。两座非机动车桥位于主桥的南北两侧与主桥平行设置，同跨于建国门南、北大街上。两桥结构相同，上部结构为单孔整体预应力混凝土3室箱形梁。桥台为混凝土重力式。桥长29.3米，跨径29.22米。桥宽15米，其中车行道宽8米，内侧（行车方向的左侧）人行道（含栏杆）

宽1.5米，外侧人行道宽5.5米。4座匝道桥分设在4条匝道上，各跨于慢车道上。其结构完全相同，构造形式与引桥相同，匝道桥除桥宽14.5米外，桥长与跨径同于引桥，墩柱各为4根。

引道和匝道的挡墙均采用混凝土重力式垂直墙面构造，挡墙内填普通土及天然砂石。路面为沥青混凝土。立交照明设施采用4个高杆照明灯。

全部工程于1977年12月30日竣工，1978年4月经初步验收后，由市市政工程管理处接管养护。是年8月因挡墙和桥台沉陷不均，发现桥台有裂缝，到1979年汛后沉降基本稳定，是年9月正式通过验收。

东便门桥

位于建国门大街、崇文门东大街和广渠门北大街的交会处，是一座以定向式为主的综合形式的立交设施。由于该立交建在原东便门内，故命名为东便门桥。

整座立交设施由3座铁路桥（从略）及9座道路桥构成。9座道路桥均为混凝土梁式桥（分别编号1—9号桥），全为通行机动车的桥梁，设计荷载均为汽-20级、挂-100级。其中1号至7号桥为定向式立交，其余两座为分离式立交桥；3号和4号桥既跨越道路又跨越河道，5号和6号桥为跨河桥。以上9座桥梁的总面积为8557平方米。由市市政设计研究院设计、市第二市政工程公司施工，1987年10月开始拆迁，1988年4月正式开工。

东便门桥

1号桥位于建国门南大街转向崇文门东大街的弯道上，跨过非机动车道，是该立交中最北边的一座桥梁。上部结构为3孔简支预应力混凝土空心板梁连续桥面体系，每孔9根预制板梁，梁上浇注钢筋混凝土面层，形成3孔连续桥面。桥墩为单根T形柱，桥台为混凝土重力式U形，翼墙与道路挡墙相接。桥长45.7米，跨径13米。桥宽9.25米，其中车行道宽7.25米，两侧的安全带各宽1米。

2号桥位于崇文门东大街通往广渠门北大街的弯道上，桥面呈弯形，桥下为非机动车道。桥梁的各部构造与1号桥相同。桥长43.94米，桥梁的中线跨径12.45米。桥宽9.46米，其中车行道宽7.6米，两侧的安全带各宽1米。

3号桥位于1号桥的南侧，是广渠门北大街通往崇文门方向道路上的一座8跨混凝土梁式桥，跨越道路及护城河。桥面主梁为8跨连续预应力混凝土箱形梁，梁上铺防水层，上面浇注钢筋混凝土面层。桥墩各为钢筋混凝土方形柱，柱基为钢筋混凝土灌注桩基承台。桥台为钢筋混凝土灌注桩基混凝土重力式U形墙体。桥梁长228.54米，各孔的跨径自西而东分别为20.47米、30米、

30米、30米、32米、30米、30米、20.47米。桥宽10.5米，其中车行道宽8.5米，两侧安全带各宽1米。

4号桥位于3号桥的南侧，属于由崇文门东大街通往建国门方向的一座7孔混凝土梁式桥，其各部构造与3号桥相同。桥梁长198.54米，其跨径自西而东分别为20.47米、30米、30米、32米、30米、30米、20.47米。桥宽10.5米。

5号桥位于4号桥以东，为4号桥通向建国门方向道路上的一座3孔跨河弯桥。内缘圆弧半径55.872米。桥梁的上部结构为连续预应力混凝土箱形梁，梁上铺防水层，上面浇注钢筋混凝土面层。桥墩为钢筋混凝土单根Y形柱，桥台为钢筋混凝土直墙式台体。桥梁长70.9米，中跨的跨径为30米，边跨的跨径各为20.46米。桥宽12.5米，其中车行道宽10.5米，两侧的安全带各宽1米。

6号桥位于3号桥以东，是广渠门北大街通向3号桥道路上的一座3孔跨河斜桥，桥面斜度为44度。上部结构为连续预应力混凝土变截面箱形梁，梁上铺防水层，上面浇注钢筋混凝土面层。其下部结构与5号桥相同。桥梁长79.6米，中孔跨径29米，边孔跨径各24.7米。桥宽12.5米，其中车行道宽10.5米，两侧的安全带各宽1米。

7号桥位于6号桥的南端，跨南滨河路非机动车道，是一座单孔斜桥。桥面呈不规则的四边形，上部的构造为钢筋混凝土板梁，钢筋混凝土桥面层。北桥台为混凝土直墙，南桥台为混凝土重力式墙与道路的挡墙相接。桥梁沿中心线的长度21.5米，最小跨径14.7米。桥梁最小宽度13.8米，其中车行道的最小宽度11.8米，两侧的安全带各宽1米。

8号桥是立交区最南边的一座分离式立交桥。桥上是机动车道的汇集路段，桥下为非机动车道。上部结构为单孔整体浇注的钢筋混凝土T形梁，钢筋混凝土面层。桥台为混凝土重力式U形构造。翼墙与道路的混凝土挡墙相接。由于桥孔内的净宽不等，桥梁的最大长度为26.27米，其最小跨径为12.47米。桥梁宽30.85米，两侧的安全带各宽1米。

9号桥位于5号桥南端的岔路口处。跨过南滨河路的非机动车道，是一座单孔斜桥，桥面呈不规则四边形，其结构和形式与7号桥相同。桥梁沿中线的长度20.5米，最小跨径15米，桥面最小宽度11.5米，两侧安全带各宽1米。

全部工程于1988年12月竣工。1989年4月通过验收后，由市市政工程管理处接管养护。

广渠门桥

位于广渠门内、外大街和广渠门南、北大街分界处，是一座三层互通式立交桥。此处原有一座跨河桥，名广渠门桥。为修建立交工程将此桥拆除，因立交建在原广渠门的北面，依此命名为广渠门桥。

该工程由市市政设计研究院设计，市第四市政工程公司施工，1988年4月开工。

整座立交工程由6座梁式桥和4条匝道组成。其中包括一座主桥、两座非机动车桥、两座匝道跨河桥和一座支线桥。上层主桥，是东西方向通行机动车的桥梁，桥跨东二环路和护城河。桥迤东为广渠门外大街，迤西为广渠门内大街。中层为两座非机动车桥，位于主桥的两侧，其中西边的3孔为跨河孔，东边的第二孔跨于广渠门南、北大街上。4条匝道是连接上层桥和下层道路的引道，其中西侧南北两匝道同是跨河桥。另有1座支线桥位于主桥的东端北侧，跨于主桥北侧的非机动车道上。

主桥分成3段，中段结构为5孔简支钢筋混凝土I形梁组合连续桥面体系。桥面浇注钢筋混凝土桥面板，上面铺防水层，车行道上铺筑沥青混凝土面层。桥墩为钢筋混凝土T形薄壁柱，东西两端的桥台构造均为U形混凝土重力式，其翼墙与引道的挡墙相接。桥面长92.5米，跨径18.5米，桥宽27米。两端的结构段各为十字形桥面，属于连接匝道和桥头路的引桥段。桥面结构为钢筋混凝土板梁，板梁上铺防水层，车行道上铺筑沥青混凝土面层。桥面南北总长64.22米，东引桥的东西向桥面长63.43米，西引桥的桥面长63.8米，主桥全长191.45米。引桥的桥墩各为10根钢筋混凝土圆形柱。两段引桥的南北两端分别与匝道相接，其桥台为U形钢筋混凝土直墙构造，其翼墙与匝道的挡墙相接。

两座非机动车桥的结构和规格完全相同，各为一座6孔混凝土梁式桥，桥面主梁为简支钢筋混凝土T形梁，梁上浇注连续钢筋混凝土桥面板，构成6孔简支梁连续桥面结构，上面铺防水层，车行道上铺筑沥青混凝土面层。桥墩各为单根钢筋混凝土T形薄壁式墩柱。桥台均为U形混凝土重力式构造，桥长各为41米，跨径为18.5米。桥宽11.6米，其中车行道宽7米，内侧人行道（含栏杆）宽1米；外侧的人行道（含栏杆）宽3.6米。

匝道桥是两座各为3孔的混凝土梁式桥，其结构和规格完全相同。为了加大匝道的转弯半径，将桥面两端加宽成喇叭口形。桥面主梁为预制简支钢筋混凝土T形梁，以现场浇注的弯梁加宽桥面的两头。梁上浇注钢筋混凝土桥面板，构成3孔简支梁连续桥面，上面铺防水层，车行道上铺装沥青混凝土面层。桥墩为单根钢筋混凝土T形薄壁式墩柱。桥梁长58.4米，跨径18.5米，中部桥宽10.5米，两侧的人行道（含桥栏杆）宽度全部为1米。

支线桥是一座单孔钢筋混凝土板梁桥。桥的南头较宽，呈喇叭形。板梁上铺防水层，两侧设人行道和桥栏杆，车行道上铺沥青混凝土面层。桥台为U形混凝土重力式构造，其翼墙与道路的挡墙相接。桥长19.4米，跨径为13.6米。北头桥宽8米，南头桥宽14.3米，两侧的人行道（含桥栏杆）各宽1米。

以上6座桥梁的总面积为11826平方米。桥梁设计荷载均为汽-20级、挂-100级。在两座非机动车桥的中墩外侧各设有一座梯道，其上端搭于非机动车桥的外侧人行道上，下端设在立交下层的河岸上。上部结构为3跨钢筋混凝土踏步，下部构造为钢筋混凝土T形柱。

全桥于1988年12月竣工，1989年4月进行工程验收，交市市政工程管理处养护。

光明桥

跨二环路和护城河，东接劲松路，西接光明路，是一座机动车和非机动车分层行驶的三层互通式立交桥，定名光明桥。

该工程由市市政设计研究院设计，市第二市政工程公司施工，1987年11月开工。

整座立交工程由5座混凝土梁式桥和4条匝道组成，其中包括一座主桥、两座非机动车桥和两座匝道跨河桥。上层为主桥，是一座东西方向通行机动车的桥梁。中层两座非机动车桥位于主桥的两侧，4条匝道是连接上层桥和下层道路的引道。其中西侧南北两匝道是两座跨河桥。

主桥依其结构的形式分做3段，中段既跨路又跨河。桥面结构为5孔简支钢筋混凝土I形梁组合连续桥面体系。桥面浇注连续钢筋混凝土桥面板，上面铺防水层，车行道上铺筑沥青混凝土面层。桥墩为钢筋混凝土Y形薄壁柱，共计6对，河道上3对，河东岸上3对。东西两桥台为U形混凝土重力式结构。桥面长92.5米，跨径18.5米，桥宽27米，两端的结构段各为十字形桥面，属于连接匝道和桥头引道的引桥段。桥面结构各为一整体浇注的钢筋混凝土板梁。两段桥面的长度和宽度相同，宽61.4米，长60.7米。引桥的桥墩各为10根钢筋混凝土圆形柱，桥台均为U形混凝土重力式结构，翼墙与匝道的挡墙相接。主桥总长度219.46米，桥面全长213.9米。

两座非机动车桥的结构和规格均相同，各为一座6孔混凝土梁式桥。桥面主梁为简支钢筋混凝土 T 形梁，桥墩各为单根钢筋混凝土 Y 形薄壁式墩柱。桥台的构造均为 U 形混凝土重力式。桥梁长各 114.76 米，跨径 18.5 米。桥宽 11.6 米，其中车行道宽 7 米，内侧人行道（含栏杆）宽 1 米，外侧人行道（含栏杆）宽 3.6 米。

匝道桥是两座各为 3 孔的混凝土梁式桥，其结构和规格完全相同。为了加大匝道的转弯半径，将桥面两端加宽成喇叭口形。桥面主梁为预制简支钢筋混凝土 T 形梁，并以现场浇注的弯梁加宽桥面的两端。梁上浇注钢筋混凝土桥面板，构成 3 孔简支梁连续桥面。车行道上铺筑沥青混凝土面层，桥墩为单根钢筋混凝土 Y 形薄壁式墩柱，桥台为钢筋混凝土灌注桩基 U 形混凝土重力式。桥梁长 58.5 米，跨径为 18.5 米，中部桥宽 10.5 米，两侧的人行道（含栏杆）宽度全部为 1 米。

以上 5 座桥梁的总面积为 11606 平方米。桥梁的设计荷载为汽 -20 级、挂 -100 级。在两座非机动车桥的中墩外侧各设有一座梯道，其上端搭于非机动车桥的外侧步道上，下端设在立交下层的河岸下，上部结构为 3 跨钢筋混凝土踏步，下部构造为钢筋混凝土 T 形柱。

全桥于 1988 年 12 月建成通车，1989 年 4 月进行工程验收，由市市政工程管理处接管养护。

左安门桥

是一座上环岛形分离式立交桥,位于左安门弯桥南端二环路与左安门外大街的相交处,因位于原左安门外而命名。

此工程由市市政设计研究院设计、市第三市政工程公司施工,1988年5月开工兴建。

该立交中包括两座主桥和3座通道桥。两座主桥各为3孔混凝土梁式桥,两座桥平行设置,相距50米,以桥上两端道路连通二桥形成立交上层环岛,跨于二环路上。桥下南边孔为二环路的南侧非机动车道,其他两孔为二环路的机动车道。

两座主桥的结构完全相同,其桥面均为连续钢筋混凝土槽形组合梁结构体系。全桥共5道槽形梁,梁上安装预制的钢筋混凝土板,其上浇注钢筋混凝土桥面板,构成类似箱形梁的连续组合结构体。桥面上两侧设人行道和桥栏杆,中间为车行道铺筑沥青混凝土面层。桥墩各为5根矩形钢筋混凝土墩柱。桥台为混凝土重力式直墙,两边与挡墙相接。主桥各长37.5米,南边孔跨径7米,其他两孔的跨径14.25米。桥宽各21.75米,其中车行道宽17.25米,内侧人行道(含栏杆)宽1米,外侧人行道(含桥栏杆)宽度为3.5米。

1号和2号通道桥位于主桥南端两侧,是为二环路南侧非机动车道的转弯路所设,分别跨于两条非机动车转弯的路段上。两座桥梁的结构完全相同,均为单孔钢筋混凝土板梁桥面,车行道上为沥青混凝土面层,两侧有人行道和桥栏杆。桥台为混凝土重力式直墙，两边与道路挡墙相接，桥长12米，跨径6.62米。桥宽11米，其中车行道宽9米，两侧人行道（含栏杆）各宽1米。

3号通道桥位于两座主桥的正南方，属于引道上跨过非机动车道的一座单孔桥，桥面为预应力混凝土空心板梁，梁上浇注一层钢筋混凝土桥面，车行道上铺筑沥青混凝土面层。桥台为混凝土重力式直墙，两边与引道挡墙相接。桥梁长17.2米，路径10.8米。桥宽21米，其中车行道宽19米，两侧人行道（含栏杆）各宽1米。

全桥于1988年12月通车，1989年5月竣工，经验收由市市政工程管理处接管养护。

菜户营桥

位于丰台区菜户营，是西二环、南二环连通京开公路、南三

菜户营桥

环路、丰台北路的重要立交桥。1990年8月开工，1991年11月竣工。在京开路南北方向上跨，丰台北路东西方向下穿，主辅路分行的苜蓿叶形加定向形互通式立交，设计荷载为汽–20级、挂–100级。整个立交由19座桥组成，桥梁总长2680米，面积3.69万平方米，道路面积16.7万平方米，双向6车道并有紧急停车道。建地下人行通道2座，人行天桥1座。工程被评为全国优质样板工程。

玉蜓桥

位于蒲黄榆路与南二环路交会处的一座立交桥，1988年12月建成。建桥时名为蒲黄榆桥，由于立交的平面图形似蜻蜓，后正式命名为玉蜓桥。

该工程由市市政设计院设计，市第二市政工程公司施工，于1987年9月开工兴建。该立交工程由13座桥梁和6条匝道以及辅路等设施组成，是一座机动车和非机动车分层行驶的三层互通式立交设施。全桥面积共计21125平方米，设计荷载非机动车桥为汽–15级，机动车桥为汽–20级、挂–100级。全立交中的主体部分是上层1座主桥为轴，其他12座桥分别设在主桥两侧及相关部位。

主桥连跨于永定门内东街、护城河、铁路和南二环路之上，中层道路为南二环路和通往桥西南小区的辅助道路。主桥的北端连接天坛东路，南端接蒲黄榆路。全桥共计19孔，由6联结构段组成。

北起第一段跨过永定门内东街。该段的桥面结构为3孔简支预应力混凝土T形梁连续桥面体系。北端下部为U形混凝土重力式桥台，桥墩各为圆形钢筋混凝土双柱式墩体。

第二段跨过南护城河，上部结构为一联4孔连续预应力混凝土箱形梁，全段由两片箱形梁并排组成。桥墩各为两根钢筋混凝土圆形柱。

第三段跨于铁路上，其结构与第二段完全相同。

第四段为连接1号、2号、3号、4号匝道桥的异形桥面段，上部结构为一联4孔连续预应力混凝土箱形梁和T形梁的组合结构段。

第五段为两孔连续预应力混凝土T形梁桥面体系。桥墩构造与其以北的各墩柱相同。第六段即最南端的一段，该段是与5号、6号匝道桥相连接的桥面段。上部结构为两孔连续预应力混凝土箱形梁和T形梁的组合桥面体系，南边孔为箱形梁，北孔桥面的两侧因与匝道桥相接，在箱形梁的两侧以T形梁加宽成异形桥面。箱形梁下为圆柱桥墩，支承T形梁的桥墩为T形墩柱。车行道的铺装为钢筋混凝土面层。在北起第11孔车行道面层混凝土中掺入适量的钢纤维做试验段。主桥上共计7道伸缩缝，均采用钢板齿形伸缩装置。

主桥全长493.1米，其跨径分别为：第一段3孔均为18.8米；第二段4孔依次为26.72米、28米、30米、35米；第三段共4孔，其中北3孔各为35米，另一孔为32.37米；第四段4

孔依次为19.61米、20米、26.38米、19.51米；第五段两孔均为22.5米；第六段的北孔为26米、南孔为19.9米。桥梁的宽度大部分为26.4米，其中分隔带宽50厘米，车行道各宽11.75米，两侧安全带各宽1.2米。

1号和2号匝道桥互为对称，分设在主桥东西两侧。其上端各与主桥第四段的第一孔两边相接，下端接于二环路的北侧匝道。两座桥梁的结构完全相同，平面方向相反。两座桥各为3段6孔，上段和下段都是1孔，上部结构为简支预应力混凝土箱形梁，中段4孔为连续预应力混凝土箱形梁，车行道铺装钢筋网混凝土面层。U形混凝土重力式桥台，钢筋混凝土Y形柱桥墩。1号匝道桥长147.22米，2号匝道桥长149.45米，1号桥的上端孔跨径为35.57米，2号桥为37.8米，其他各对应孔的跨径相同，下端孔的跨径37.33米。中段的端孔跨径18米，中2孔为弯梁，跨径各18.33米。中段的端孔跨径18米，中2孔为弯梁，跨径各18.33米，桥宽均为9.65米，其中车行道宽7.25米，两侧安全带各宽1.2米。

3号和4号匝道桥均属弯梁桥，上端分别搭于主桥第四段第一孔桥面的西侧和东侧，下端分别与二环路南侧的两条匝道连通。上部构造为简支预应力混凝土箱形弯梁，车行道部分浇注钢筋网混凝土面层。下端设U形混凝土重力式桥台。3号匝道桥在主桥的西侧，桥梁长23.3米，跨径20.7米，桥面宽9.95米，其中车行道宽7.55米，两侧安全带各宽1.2米。4号匝道桥在东侧，桥梁长22.8米，跨径和桥宽与3号匝道桥相同。

5号和6号匝道桥是位于主桥两侧的两座单孔桥,其桥面上端分别搭于主桥第六段北孔的两侧,下端分别设U形混凝土重力式桥台与二环路的南侧匝道相接。两座桥的结构相同,都是简支预应力混凝土箱形梁,梁上满铺防水层,上面浇注钢筋网混凝土面层,两侧设安全带。5号匝道桥在主桥的西侧,桥梁长40.35米,跨径37.75米,桥宽9.65米,其中车行道宽7.25米,两侧安全带各宽1.2米。6号匝道桥在东侧,桥长39.35米,跨径和桥宽与5号匝道桥相同。

7号和8号匝道桥分别位于二环路南侧的两条匝道下端,桥下是平行于二环路的慢行车道。两座桥的结构和形式完全相同,桥面结构均为钢筋混凝土T形梁,梁上铺防水层,上面浇注钢筋网混凝土面层,两侧设安全带,桥台构造为U形混凝土重力式。桥梁长20米,跨径13.5米,桥宽17.4米,其中车行道宽15米,两侧安全带各宽1.2米。

二环路通道桥位于主桥的下面,是二环路上跨过慢行车道的一座3孔混凝土梁式桥。上部结构为连续钢筋混凝土板梁,钢筋网混凝土桥面,钢筋混凝土轻型桥台。桥墩为预制的钢筋混凝土扁方形墩柱,桥梁全长37.33米,中孔跨径13.2米,两边孔跨径5.07米。桥梁宽28.9米,其中分隔带宽2米,车行道各宽12.25米,两侧安全带各宽1.2米。

辅路通道桥,位于主桥下西边、7号匝道桥的东侧,属于西南辅路上跨过慢行车道的一座3孔混凝土梁式桥,上部结构为简支钢筋混凝土T形梁连续桥面体系,T形梁上浇注钢筋网混凝土桥面后再铺筑沥青混凝土面层。桥梁全长44.15米，南边孔跨径9米，其余两孔的跨径15米。桥宽10.9米，其中车行道宽8.5米，两侧安全带各宽1.2米。

慢行车跨河桥，位于主桥的下面，是为慢行车道跨越南护城河所建。这是一座3孔混凝土梁式桥。为了在桥面构造中敷设管线，中孔的主梁采用简支预应力混凝土槽形梁，梁上盖以预制钢筋混凝土板，两端孔的主梁采用简支钢筋混凝土倒槽形梁，在梁上全面浇注钢筋网混凝土面层，构成3孔简支梁连续桥面结构体系。下部构造全部采用钢筋混凝土灌注桩桥墩和桥台，桥梁全长56米，中孔跨径30.58米，两边孔跨径各11.05米。桥宽21.8米，其中车行道宽12米，两侧步道（含栏杆）各宽4.9米。

东辅路跨河桥，位于主桥迤东，跨于南护城河上，是一座3孔混凝土梁式桥。该桥是为连通南北滨河路及立交中的东辅路所建。其上部结构采用简支钢筋混凝土I形组合梁连续桥面做法，以预制的I形主梁上盖以预制钢筋混凝土板，浇注钢筋网混凝土桥面。桥台为混凝土重力式构造，桥墩各为一对钢筋混凝土T形墩柱。桥梁长56.6米，跨径均为18.5米，桥宽10.5米，其中车行道宽8.5米，两侧人行道（含栏杆）各宽1米。

玉蜓桥全桥工程于1988年12月建成，竣工后经初步验收，由市市政工程管理处开始实施养护，1990年4月正式办理工程验收事宜。

广安门桥

位于西城区广安门外滨河路和护城河上,1990年3月开工,1991年5月竣工。为三层变形苜蓿叶互通式立交,最下层二环路南北下穿,最上层东西向连通广安门内、外大街,中层为环岛式互通区。设计荷载为汽-20级、挂-100级。由大小11座桥梁组成。桥梁全长645.50米,平均宽度29.90米,桥上为双向6车道,总面积1.93万平方米,主桥为T形预应力混凝土简支梁。

广安门桥

天宁寺桥

位于西城区西护城河北端,1990年9月开工,1991年12

天宁寺桥

月建成通车，为三层苜蓿叶形加定向形互通式立交，由15座桥梁组成，设计荷载为汽-20级，总长593米，桥梁总面积3.8万平方米，地下人行通道2座，桥上为双向6车道。天宁寺桥在施工中首次使用钢套管微膨胀水泥混凝土施工的独柱结构，采用进口大吨位球形支座，解决桥梁弯、坡、斜的支撑问题。

西便门桥

位于西城区复兴门南大街与宣武门西大街交会处，1990年8月开工，1991年9月建成通车。为两层定向式立交。设计荷载为汽-20级。由大小9座桥梁组成，全长410米，总面积9712平方米，桥上设双向四车道。建设中保留了西便门遗址，开辟为绿地。

复兴门桥

建在原复兴门位置上的一座立交桥,依此命名。

复兴门桥是 20 世纪 60 年代修建地下铁道工程实施规划中二环路上的第一座立交工程。由于其位置是在西长安街延长线和规划中二环路的交会处,当时市政府确定了的立交工程的建设方针是"实用、经济、坚固、美观",并提出具体要求:东西方向建桥,桥面高程不宜超过复兴门内大街太多,桥下道路使机动车和非机动车分道行驶。依此市市政设计院拟订出 3 个设计方案,最后经规划、设计、施工、养护、交通管理等有关部门讨论,确定修建一座 3 孔混凝土梁式桥,四角设长圆形匝道的苜蓿叶形两层全互通式立交。桥外露面镶面石。桥上东西分别是复兴门内大街和复兴门外大街。桥下为复兴门南、北大街。桥长 43.35 米,中孔跨径 24.98 米,两边孔跨径各 8.28 米。桥宽 51.5 米,其中车行道宽 40 米,两侧人行道(含栏杆)宽各 5 米。桥梁面积 2233 平方米。方案确定后由市市政设计院设计,市第一市政工程公司施工,1972 年 3 月正式开工。

该桥设计荷载为汽 –20 级、拖 –100 级。其上部结构是 21 道连续预应力混凝土变截面 T 形梁,车行道部位铺筑铅丝网沥青混凝土面层,人行道下面设管线预留孔道,上面铺墁石板砖,栏杆的地袱、立柱和扶手为钢筋混凝土构件镶贴大理石装饰面。下部结构,桥墩各为 21 根钢筋混凝土方形墩柱。柱的顶端直接设置支座而无盖梁,柱的外面镶有大理石装饰面。桥台构造是混凝

复兴门桥

土重力式。前墙做水泥假蘑菇石装饰面。

桥头两侧各有一处人行梯道，桥区的挡墙均为混凝土墙体，有花岗岩蘑菇石装饰面及花岗岩盖顶石。匝道为长圆形，路面为沥青混凝土面层，桥下慢车道高程比快车道高出1米。桥区照明设施为高杆花形灯。

该工程采用两种新技术，一是采取了分3段预制后张预应力混凝土梁，湿接后再做第二次预应力钢筋张拉，构成连续预应力梁的做法；二是下部结构首次采用桥墩无盖梁多柱式做法。

全桥于1974年9月竣工，10月经初步验收后，由市市政工程管理处接管养护，1975年12月正式验收。

桥梁竣工后一年内沉降较均匀，沉降量为4～6毫米。到

1975年全桥T形梁接缝处普遍漏水，采取分条勾缝后重铺沥青层的办法，效果不够理想。冬季大雪后，喷洒盐水，融化桥上积雪致使混凝土受到腐蚀。

阜成门桥

二环路上兴建的第二座立交设施，位于阜成门内、外大街和二环路的交会处，桥位正是原阜成门的位置，依此命名为阜成门桥。

该桥通过四条匝道将阜成门内、外大街与阜成门南、北大街连接，构成互通式立交。该桥由市市政设计院设计，市第一市政工程公司施工，1973年10月正式开工。

该桥设计为3孔连续预应力混凝土箱形梁；采用沿桥面中心线将箱形梁分为两等幅，在两幅箱形梁之间的接缝中设置35对钢制剪力铰，借以传递荷载力的横向分布；箱形梁上铺设防水层。施工中分3段进行箱形梁混凝土现浇，并分段进行预应力钢筋张拉；而后再浇注湿接头混凝土，实施第二次预应力张拉，完成连续箱形梁制作。

桥梁全长63.6米，中孔跨径30米，两个边孔跨径各11.9米。桥宽31.2米，其中车行道宽20米，两侧人行道（含栏杆）各宽5.6米。桥梁设计荷载为汽-20级、挂-100级。桥梁面积1984平方米。1977年1月竣工并于4月进行初步验收，由市市政工程管理处接管养护。经一年的管理和监测，未发现明显的质量缺陷和不均匀超标沉降，1978年4月正式验收。

1990年以前，该桥在养护中除将少数桥台支座中的抗拉钢件曾予更换外，未发生其他较大的损坏性修理工程。

西直门桥

兴建二环路工程中在原西直门处建的一座道路立交桥，其形式为三层上环岛形分离式立交。

该立交工程曾经提出过3个建设方案：第一方案是修建一座定向式和互通式相结合的综合型立交；第二方案是在西直门外建一座快慢车分层行驶的三层互通式立交；第三方案是建一座快慢车分层行驶的三层上环岛形分离式立交，其北另建一座定向式立交。最后第三方案被批准。该工程由市市政设计院设计，基建工程兵施工，继1978年地铁工程后期开始桥梁基础施工，到1980年12月中旬全部完成。

建成后的西直门立交桥，中层为两座平行设置的双孔混凝土梁式桥，跨于西直门南、北大街上。桥头路使两桥连通，形成长圆形环岛，供非机动车和行人通行。上层桥为环形桥，桥的东西两端各以引桥与西直门内、外大街的机动车道连接。桥的南北两侧各设一对引桥，供二环路的机动车上下桥通行。环形的西北方设一预留口为与西直门火车站路（北京北站）接通。故此上层环形桥的周围共设有7个连接口，机动车可以在桥上左转、右转和直行，也可以绕环岛调头。下层是西直门南、北大街的机动车道。

西直门桥

　　桥梁施工按各部结构进行。上层桥，共由 10 个结构段构成。其中跨于二环路上的两段为直桥，其上部结构各为整体浇注的两孔连续钢筋混凝土肋板梁，每段梁都设 3 道肋。这是该立交桥中的主跨段桥梁。跨径 13.18 米，桥面长 26.35 米。桥宽 12.92 米，其中车道宽 10.5 米，内侧安全带（含栏杆）宽 1.5 米，外侧安全带（含栏杆）宽 0.92 米。下部结构的中墩各为 3 根钢筋混凝土薄壁墩柱，边墩各为 6 根钢筋混凝土方形柱，其余 8 个结构段对称分设在主桥西端两侧，各段的平面均为不规则形。其上部结构均为整体浇注的连续钢筋混凝土 T 形梁。这 8 段异形桥面的下部结构均为钢筋混凝土方形柱，墩柱上无盖梁，直接支承在横梁下。上层桥的桥面全部为钢筋混凝土面层，墩柱的基础分别为条形或多边形钢筋混凝土板块。此 8 段桥下除非机动车道外，尚有不少空地。南、北引桥，北引桥共 2 座各为 9 孔，桥长 90.62 米，南引桥共 2 座各为 7 孔，桥长 72.57 米。这 4 座引桥的宽度均为 8.84 米，其中车行道宽 7 米，两侧安全带（含栏杆）各宽 0.92 米，桥梁结构完全相同。引桥临主桥端与主桥两端的异形结构段相接，引桥另一端的桥台设在下层机动车道两侧。每座引桥的临主桥孔跨径 9.25 米，其他各孔跨径均为 10 米。结构都是两联连续钢筋混凝土 T 形梁，各有两道梁腹。梁上浇注钢筋混凝土面层，下部结构为双柱式桥墩和混凝土重力式桥台，墩基为钢筋混凝土扩大基础。东西引桥，平面布置近似喇叭形，上部结构均为 4 孔连续钢筋混凝土 T 形梁。桥长 34.06 米，跨径不等。下部结构中的桥墩全部为钢筋混凝土方形柱，钢筋混凝土条形基础。引桥与道路相接的一端为 U 形混凝土重力式桥台。通往西直门火车站预留的引桥接头，其上部构造是钢筋混凝土 T 形梁。上层桥及各引桥的设计荷载均为汽 −20 级、挂 −100 级。中层是两座只通行非机动车和行人的桥梁，结构完全相同，为两跨连续钢筋混凝土肋板梁（双肋梁）。桥面为钢筋混凝土面层，两侧设人行道和栏杆。桥墩为两个薄壁型墩柱，每个墩柱支承一道梁肋。桥台是 U 形混凝土重力式结构，每座桥的长度 30.3 米，跨径 13.4 米，桥宽 15 米，其中车道宽 10 米，内侧人行道（含栏杆）宽 1 米，外侧人行道（含栏杆）宽 4 米，桥梁设计荷载为汽 −15 级。该工程竣工时正值施工单位改编，所以未进行验收，即由市市政工程管理处接管养护。

  该桥上层桥施工中，T 形梁梁腹两侧普遍存在竖向裂缝，经静载试验尚不影响使用，另在 1982 年经监测发现北引桥的西桥北端桥台沉降量超过限度，以调整梁的高程进行处理，并立项开始进行混凝土结构开裂原因及防治研究。到 1983 年夏季梁的裂缝发展趋于稳定。1984 年 5 月，对梁腹裂缝宽度达 1 毫米以上

西直门桥夜景

者采取封堵措施。1988年5月至7月又将宽度0.5毫米以上的裂缝进行压胶封闭。1987年又发现南北引桥中间的伸缩缝下梁头混凝土明显腐蚀。1990年,南引桥的西桥腐蚀程度加剧已影响了承载力,列入次年加固计划。

　　1993年3月西直门桥改建,拆除旧桥10923平方米,新建互通加定向匝道立交桥。桥梁面积13327平方米。下层为西二环主路,拓宽为双向10车道;中层为东西向跨二环路,连接西直门内、外大街;上层为3座定向匝道桥,分别为:二环由南向西左转弯匝道,西直门外大街由西向北左转弯匝道,西直门北大街由北向西定向匝道,匝道桥均为两车道加紧急停车带,宽9.2米。在改建工程中还拓宽和整治了西直门内、外大街,桦皮厂胡同,前半壁店街,西直门南小街,高梁桥路,铁路巷路等9条周边道路,新建高梁桥立交和文慧桥及光明桥等。1993年9月建成通车。2006年9月,对西直门北桥存在的安全隐患,采取"现场预制新梁,顶推平移就位"施工方案,仅用56小时就完成了抢修任务。

西直门北桥

位于西直门桥迤北的二环路向东转弯处,于1984年建成。此桥与西直门桥虽然相距仅数十米,但并不连接。两桥之间仍以车行道平面交叉相接组成,故另定桥名西直门北桥。该桥是由3座混凝土梁式桥组成的定向式立交桥。其中北桥是非机动车由东向南转弯的弯桥,中桥是机动车由东向南转弯的弯形桥,南桥为斜桥,位于由南向东转弯的机动车弯道上。

北桥全长79.85米,共5孔,其跨径,由西向东分别为18.18米、13.58米、16.55米、14.16米、12.94米。桥宽为10.5米,其中人行道(含栏杆)宽3.5米,车行道宽6米,安全带(含栏杆)宽1米。上部结构为连续钢筋混凝土宽腹T形梁,U形混凝土重力式桥台。桥墩的做法是在扩大条形混凝土基础上安装矩形钢筋混凝土柱。荷载等级按汽−20级、挂−100级设计,以备将来维修机动车桥时该桥可以临时通行机动车。

中桥为4孔,全长69.34米,各孔的跨径,由南转向东分别为13.62米、19.13米、17.64米、14.09米。桥宽13.25米,其中车行道宽11.25米,安全带(含栏杆)各宽1米。上部结构为3片连续钢筋混凝土宽腹T形梁,桥台构造为U形混凝土重力式。桥墩为预制的矩形钢筋混凝土墩柱。该桥设计荷载为汽−20级、挂−100级。

南桥为单孔斜桥,桥下是通往学院路的非机动车道,桥长27.6米,跨径19.6米,桥宽13米,其中车行道宽10米,两侧安全带（含栏杆）各宽1.5米。桥面为钢筋混凝土板梁，上面浇注钢筋混凝土面层。桥台为U形混凝土重力式。桥梁的设计荷载为汽-20级、挂-100级。

该立交工程由市市政设计院设计，市第一城市建设工程公司施工。其中南桥是1980年12月在西直门桥施工中建成的，其余工程于1983年10月开工，1984年9月全部竣工。

为防止发生西直门桥梁腹出现裂缝现象，在该桥设计中，梁腹两侧各增加4根顺梁方向的钢筋。但在T形梁拆模后不久仍有裂缝，到工程竣工时裂缝已布满全梁腹，经调查，开裂是由于在混凝土中超量掺入速凝剂所致。通车半年后，桥面出现碎裂和脱皮现象。同时两座弯桥的西桥台发生竖向裂缝。经分析，此种现象系施工质量不佳所造成。因此，工程验收事宜推迟到1985年9月，验收后由市市政工程管理处接管养护。

积水潭桥

位于西城区北二环路与新街口大街交会处。1992年3月改建，同年9月通车。改建后，为菱形互通式立交桥，设计荷载为汽-20级，桥长326.50米，双向6车道，桥梁面积8500平方米。该桥改建施工中在北京市立交桥中首次采用钢—混叠合梁技术。

三环路上的立交桥

三元桥

位于机场路、京顺路和三环路的交会处,是这3条主干道的交通枢纽工程,是三环路上修建的第一座互通式立交设施。开始称牛王庙桥,建成后因该立交是将3条主干道交叉于一桥之中又互相连通,故依此命名三元桥。

该桥由市市政设计研究院设计,市第一市政工程公司施工,1983年12月开工兴建。

该立交工程是由两座主桥、4座引桥、7条匝道、7条连通道路组成的双层互通式立交设施。

两座主桥属于东北三环路上的桥梁,分别跨于机场路和京顺路上,两桥之间由一段中间引道相连,此间中心点为东三环北路和北三环东路的分界点。

跨过京顺路的桥梁在工程设计中称为1号主桥,是一座3孔混凝土梁式桥。桥梁的主体结构属于钢筋混凝土T形梁刚构V形腿双悬臂挂梁体系。桥梁的下部结构是在每排钢筋混凝土V形腿下浇注钢筋混凝土条形扩大基础。桥两端为U形混凝土重力式桥台。桥梁全长56.96米,中孔跨径27.3米,边孔跨径各13.8米。桥宽44.8米,其中分隔带宽1米,机动车道各宽为11.5米,隔离带各宽1.5米,慢车道各宽6米,南侧人行道(含栏杆)宽3.4米,北侧人行道(含栏杆)宽2.4米。

跨机场路的桥梁称2号主桥,是一座两孔混凝土梁式桥。桥梁的主体结构为钢筋混凝土T形梁刚构V形腿单悬臂挂梁体系,桥梁的下部结构与1号主桥相同。桥梁长48米,两孔的跨径均为22.58米。桥宽及其各部位的宽度同1号主桥。两座主桥的伸缩缝采用了拴接法组装的齿形钢板伸缩装置。

1号引桥位于三环路的外侧,它是机场路通向三环路的引道和4号匝道上共用的一座引桥。其结构是一座4孔混凝土梁式桥,桥面主梁为预制钢筋混凝土宽腹T形梁,梁上浇注钢筋混凝土桥面,构成简支梁连续桥面结构体系。车行道上铺筑沥青面层,桥

三元桥

20世纪90年代的东三环路

梁上端的桥台为钢筋混凝土轻型直墙构造,下端的桥台为U形混凝土重力式结构,桥墩均为钢筋混凝土双柱式墩体。桥长65.69米,跨径14.87米。桥宽11米,其中车行道宽8米,两侧人行道(含桥栏杆)各宽1.5米。

2号引桥也是位于三环路外侧的一座混凝土梁式桥,属于三环路通向京顺路引道中的一座引桥。引桥分为3段,中间结构段为4孔钢筋混凝土双T形梁刚构V形腿双悬臂挂梁结构体系。上段桥为14跨,除有1跨为简支钢筋混凝土板梁外,其他13跨均为简支钢筋混凝土宽腹T形梁连续桥面结构。桥台为钢筋混凝土轻型直墙式,两边与引道的挡墙相连。桥墩均为双柱式钢筋混凝土墩体,下段桥为6孔,其上部结构与上段桥中的T形梁部分相同。桥台为U形混凝土重力式结构。2号引桥全长362.7米,其中上段桥长204.5米，其跨径除上边孔为7.69米外，其余13孔均为14.87米。中段桥长65.8米，各孔的跨径自上而下分别为13.78米、27.3米、13.78米、10.94米，其中第二孔为跨路孔。下段桥长92.4米，其跨径均为14.87米。桥梁的宽度均为11米，其中车行道宽8米，两侧人行道（含栏杆）各宽1.5米。

3号、4号引桥均位于三环内侧上端，均与两主桥引道相接。

以上4座引桥上的伸缩缝，由于其伸缩量较小，采用双孔橡胶条作为伸缩缝内的填充材料。

该立交中6座桥梁的总面积为11187平方米。桥梁的设计荷载为汽-超20级、挂-120级。整座立交中在两座主桥的两侧各设有3座人行梯道，以供桥梁养护工作人员和行人上下桥梁之用。此外还设有8座地下人行通道。

全部工程于1984年9月建成通车，同时移交市市政工程管理处养护。1985年4月正式通过验收。

1998年3月，三元桥外环新建与机场高速路相接的匝道桥，桥长885米，宽8.50米。1999年9月通车。

国贸高架桥

位于朝阳区东三环路与建国路交会处。该桥南起内燃机总厂门口，北至光华路口北，桥梁全长1800米（含光华桥，长250米），桥设计荷载为汽-20级。连续跨越京承铁路、通惠河、东郊铁路专用线、大北窑桥和光华路，形成三层互通式苜蓿叶形立交。上层为东三环路,中层为建国路,下层为机动车与非机动车混行的环形交叉路口。全桥 64 跨,其中钢梁 3 跨,现浇梁 16 跨,预制安装预应力混凝土简支梁 45 跨。跨通惠河处的中柱高 22 米。桥梁两端宽度为 28 米,中间宽度为 35.75 米。桥梁面积 5.76 万平方米。是当时北京市桥梁

国贸高架桥

面积最大、长度最长的城市高架桥。建设中预留了与北窑桥连接的匝道口。工程于 1993 年 2 月开工,9 月建成通车。2004 年三环路大修时,桥面重铺沥青砼并加固。

北窑桥

是建国门外大街上的一座跨越东三环中路的立交桥。立交桥的西北方昔日曾有大北砖窑场(1949 年拆除砖窑),并留有大北窑的地名,而依此命名北窑桥。

该工程由市市政设计研究院设计、市第一市政工程公司施工,1986 年 6 月开工。

此桥是一座分离式立交桥,全桥共 20 孔,分为 3 个结构段。中段为 3 孔钢结构桥,东段 9 孔、西段 8 孔均为混凝土梁式桥。

中段为主桥，东、西段为主桥两端引桥。该桥是北京第一座采用钢结构建成的立交桥。中段（主桥），其主梁为4片变截面连续钢箱形梁，4片箱形梁各按5段制作成型，在现场组合安装而成连续梁。桥上两侧设防撞护栏和桥栏杆。车行道部分铺筑沥青混凝土面层。桥墩各为1对空心钢T形柱，钢柱的断面为矩形。中孔的跨径39米，边孔跨径各33米，桥面长105米。

东、西两段（引桥），桥面结构均为简支钢筋混凝土T形梁连续桥面体系。每孔10片预制宽腹T形梁，梁上浇注钢筋混凝土桥面板，构成全段简支梁连续桥面结构，上面铺防水层。车行道上铺筑沥青混凝土面层。桥台为U形混凝土重力式。桥墩各为1对钢筋混凝土T形柱，跨径均为15米，东段桥面长135米，西段桥面长120米，三段桥面总长360米。

桥梁全长364米。桥宽18.2米，其中车行道16.6米宽，两侧的安全带各宽0.8米。桥梁的总面积为6623平方米。桥梁的设计荷载为汽-20级、挂-100级。全桥于1986年11月建成。1987年9月工程验收后，由市市政工程管理处接管养护。

由于是第一次修建钢箱形梁桥，为确保安全，钢梁安装后，由市市政工程研究院对钢梁进行了一次静荷载试验，经测试，各项数据均符合设计要求。

工程竣工后，由于钢梁表面比较光滑，沥青与钢板附着力较差，每年夏季钢梁上的沥青混凝土面层常有隆起现象。虽经补修，没彻底解决问题，于是将此问题列为桥梁养护技术研究项目。

十里河桥

属于东三环南路上一座跨过大羊坊路的分离式立交桥。因该桥坐落在十里河村西北方，故命名为十里河桥。

该桥桥梁共3孔，全长52.12米。中孔跨径18.04米，边孔跨径均为15.04米。桥宽29.8米，其中两侧设安全带各宽1.65米，中间隔离带宽2米，上下行机动车道各宽12.25米。桥梁面积1553平方米。

上部构造是简支预应力混凝土T形梁，梁上浇注钢筋混凝土桥面构成连续桥面体系，桥面上铺防水层后再铺沥青混凝土面层。桥台是长25厘米、宽25厘米的钢筋混凝土方形桩基，每个桥台下共有104根基桩，上面浇注混凝土重力式桥台。桥墩是桩基承台上立预制钢筋混凝土墩柱，基桩也是长25厘米、宽25厘米的混凝土方形桩，每个墩4根柱，柱顶现浇钢筋混凝土盖梁。桥梁设计荷载汽－超20级、挂－120级。由市市政设计研究院设计、市第一市政工程公司施工，1990年9月建成。1991年验收后，由市市政工程管理处接管养护。

分钟寺桥

跨东南三环路（东三环南路与南三环东路以该立交中心为分界，故通称此段路为东南三环路）的一座互通式立交设施，是京津塘高速公路联络线的起点。

该桥由8座桥梁和4条匝道组成,其中包括主桥、引桥、匝道桥和通道桥各两座。该立交共分上、中、下三层。

两座主桥为斜跨于三环路上的4孔梁式斜桥,斜度为88.24度。两桥平行布设,净距离6.2米,桥长75.6米,中间两孔跨径各20米,两边孔跨径各15米。桥宽19.8米,其中两侧安全带各宽1.65米,车行道宽16.5米。每座桥面积1497平方米。两桥结构相同,上部结构为连续预应力混凝土肋板梁,上面铺防水层,面层是钢筋混凝土,桥台是以钢筋混凝土灌注桩为基础的混凝土重力式U形构造,桥墩是钢筋混凝土灌注桩基承台,上面安装预制钢筋混凝土薄壁式墩柱。

两座引桥位于主桥东南,斜跨于三环路非机动车道上,与主桥对称相接,均为单孔斜桥,结构相同。两桥上部结构是简支钢筋混凝土T形梁,梁上铺防水层,面层为钢筋混凝土重力式U形结构。桥长20米,跨径14.1米。桥宽19.8米,其中安全带各宽1.65米,车行道宽16.5米。每座桥面积394平方米。

两座匝道桥,均为单孔斜桥,除斜度不同、方向相反外,其构造完全相同。上部结构是简支预应力混凝土T形梁,梁上铺防水层,面层为钢筋混凝土。下部是混凝土重力式U形桥台。桥长26.2米,跨径18.12米。桥宽12.3米,其中安全带(含栏杆)各宽1.65米,车道宽9米。每桥面积322平方米,东桥斜度为47.8度,西桥斜度为46.24度。

通道桥是三环路上的两座单孔桥,主桥的两边各一座,是为非机动车横穿三环路所设。上部结构为简支钢筋混凝土T形梁,梁上铺防水层，上面浇注钢筋混凝土面层，下部为混凝土重力式U形桥台。桥长20米，跨径14.1米。桥宽37.3米，其中安全带各1.65米，中间隔离带宽2米，上下行车道各宽16米。每座桥面积746平方米。桥梁设计荷载汽－超20级、挂－120级。

全桥总面积5918平方米。该工程由市市政设计院设计、市第一市政工程公司施工，于1990年8月建成。

方庄桥

南三环东路跨方庄路的一座分离式立交桥。因桥北原是方庄村，故命名为方庄桥。

该工程是1988年南三环道路工程中的5座立交桥之一，由市市政设计研究院设计、市城建工程机械公司施工，1988年4月开工兴建。

该立交为一座混凝土梁式桥，三环路的机动车由桥上通过跨方庄路。桥下两侧辅路为机动车和非机动车混行道路，与方庄路交叉为平交。桥下路面高程基本保持原有路面高程。

全桥共14孔，分为3个结构段。中段3孔为跨路段，称为主桥；西段5孔为西引桥；东段6孔为东引桥。该立交桥的构造除西引桥比赵公口桥少1孔外，其桥梁结构与赵公口桥相同。

桥梁全长223.52米，主桥长48.08米，中孔跨径18米，边孔跨径各15.04米，西引桥长80.2米，东引桥长95.24米，其跨径均为15.04米。桥面全宽29.8米，其中分隔带宽2米，机动车道各宽 12.25 米，两侧的安全带各宽 1.65 米。桥梁的设计荷载为汽－超 20 级、挂－120 级。该桥于 1988 年 12 月建成通车。1989 年 4 月验收后，由市市政工程管理处接管养护。

东铁营桥

位于南三环东路与芳古路、宋庄路交会处的一座分离式立交桥。因桥南是东铁匠营村，故命名为东铁营桥。该桥桥上为三环路的机动车道，桥两侧设有机动车和非机动车的混行道路。桥下与芳古路、宋庄路交叉仍为平交。此工程由市市政设计研究院设计、市城建工程机械公司施工，1988 年 4 月开工兴建。

该立交桥是一座混凝土梁式桥。全桥 11 孔，分为 3 个结构段。中段 3 孔为跨路段，称为主桥段；主桥两端为引桥段，引桥各为 4 孔。主桥段的桥面为连续钢筋混凝土变截面 T 形梁结构。其中，中孔为变截面 T 形梁，边孔为等截面 T 形梁。梁上满铺防水层，车行道上浇注钢筋混凝土面层。下部结构各为两对钢筋混凝土 T 形墩柱。北半幅墩柱的基础为钢筋混凝土灌注桩基承台，南半幅墩柱为钢筋混凝土条形基础。

两段引桥的桥面均为简支钢筋混凝土 T 形梁连续桥面结构。梁上浇注钢筋混凝土面层，构成简支梁连续桥面体系。东桥台为混凝土重力式 U 形结构，东引桥的桥墩各为两对钢筋混凝土 T 形柱。桥梁西端为钢筋混凝土灌注桩基混凝土重力式 U 形桥台。西引桥的桥墩均为钢筋混凝土 T 形柱，北半幅的墩基均为钢筋混凝土灌注桩基承台，南半幅的墩柱为钢筋混凝土条形基础。主桥与引桥相接处的桥墩均为双 T 形柱。

桥梁全长 175.9 米，其中主桥段长 48.08 米，中孔跨径 18 米，边孔跨径 15.04 米。东引桥长 65.17 米，西引桥长 62.65 米，两段引桥的跨径均为 15.04 米。两侧的安全带各宽 1.65 米。桥梁的总面积 5242 平方米。桥梁的设计荷载为汽－超 20 级、挂－120 级。该桥于 1988 年 12 月建成通车。1989 年 4 月通过验收后由市市政工程管理处接管养护。

刘家窑桥

南三环东路上跨越蒲黄榆路的一座分离式立交桥。桥北为蒲黄榆路，桥南尚无正式道路。立交桥的西北方原有刘家窑居民区，故命名为刘家窑桥。

该工程由市市政设计研究院设计、市第一市政工程公司施工，1987 年 10 月开工兴建。该立交桥是一座混凝土梁式桥。桥上为机动车道，桥梁两侧及桥下为机动车、非机动车和行人的混行道路。桥下道路为环岛形路口。

全桥共 15 孔，依其结构分为 3 段，中段 6 孔、东段 5 孔、西段 4 孔。中段桥为跨路段，称为主桥，将中间两孔置于环岛内。环岛东西宽 88 米，南北长 120 米，环岛左右各 1 孔为跨路孔。主桥的上部结构为连续预应力混凝土变截面 T 形梁。6 跨整体浇注而成，梁上满铺防水层。下部结构均为钢筋混凝土方形墩柱。

东段桥亦称东引桥，其上部结构为简支钢筋混凝土 T 形梁连续桥面体系，梁上浇注钢筋混凝土面层，构成 5 孔简支梁连续桥面结构。东桥台为钢筋混凝土灌注桩基混凝土重力式 U 形构造。桥墩各为两对钢筋混凝土 T 形柱。西段桥亦称西引桥，其各部结构与东引桥相同。

桥梁全长 332 米，其中主桥长 189.3 米，边孔跨径各 24 米，其余 4 孔的跨径均为 35.3 米。桥宽 29.8 米，其中分隔带宽 2 米，机动车道各宽 12.25 米，两侧的安全带各宽 1.65 米。东引桥长 77.7 米，西引桥长 65 米，引桥的跨径均为 15.04 米。桥宽及其各部宽度与主桥相同。桥梁的总面积为 9894 平方米。桥梁的设计荷载为汽－超 20 级、挂－120 级。该桥 1988 年 9 月建成。由于道路全线尚未竣工，故于 11 月底才开始通车。1989 年 4 月通过验收后，由市市政工程管理处接管养护。

赵公口桥

位于南三环中路与安定路相交处，是一座分离式立交桥，因桥南有赵公口村而得名。

该工程由市市政设计研究院设计，市第一市政工程公司施工，1987 年 10 月开工兴建。

该立交为一座混凝土梁式桥。桥上为三环路的机动车道，桥下安定路为平交路口，桥梁的南北两侧辅路为机动车和非机动车混行道路。

全桥共15孔,分为3个结构段。中段3孔为跨路段,即主桥;其余两段各为6孔,为引桥。主桥段的桥面为连续钢筋混凝土面层。下部结构中每半幅各为一座钢筋混凝土双柱式桥墩,双柱下为钢筋混凝土条形基础。引桥段的上部结构采用简支钢筋混凝土T形梁连续桥面做法。每孔半幅为8片预制的混凝土梁,梁上铺防水层,机动车道上浇注钢筋混凝土面层。东、西两端的下部为U形混凝土重力式桥台,桥墩采用预制的钢筋混凝土T形柱,半幅各设一对T形柱,将其上部联结,下部共用一道钢筋混凝土条形基础。

桥梁全长237.28米,主桥长48.1米,中孔跨径18米,边孔跨径各15.04米;引桥各长94.6米,其跨径均为15.04米。桥面全宽29.8米,其中分隔带宽2米,机动车道各宽12.25米,两侧安全带宽1.65米。桥梁设计荷载为汽-20级、挂-120级。该桥1988年11月建成通车,1989年4月通过验收,由市市政工程管理处接管养护。

木樨园桥

是一座上环岛形分离式立交桥。桥梁位于永定门外大街南端。因这一地区在清代属于种植香料木樨的地方,故命名为木樨园桥。

该工程由市市政设计研究院设计、市第一市政工程公司施工,于1987年11月开工兴建。该立交跨南三环中路,迤南有两条道路,西侧为南苑路,东侧为大红门北路。立交上层的道路以桥梁为分界。整座立交工程包括两座4孔混凝土梁式桥,两座桥梁平行布设,相距56米,桥梁两头各有道路连通,形成立交的上层环形岛。两座桥梁的结构完全相同,其上部结构为连续钢筋混凝土宽腹T形梁,每孔7道梁腹。梁上满铺防水层,车行道部分浇注钢筋混凝土面层,桥台为轻型钢筋混凝土直墙式结构。桥墩各为7根钢筋混凝土方形柱。每座桥梁长44.8米,中间两孔跨径为13.95米,两边孔的跨径为8.07米。桥宽31.8米,其中车行道宽22米。由于车行道为圆弧形,所以人行道的宽度不等,最窄处为3.36米(含栏杆),最宽处为6.44米(含栏杆)。桥梁的设计荷载为汽-20级、挂-100级。

木樨园桥1988年4月建成通行,是南三环道路工程中最先完成的一项工程,故在1989年4月全部工程竣工后才进行验收,由市市政工程管理处接管养护。

六里桥

是一座互通式立交桥,位于六里桥小区迤西。该处曾有一座名为六里桥的石拱桥,明代所建,清代重修,1915年拆除。在石拱桥附近建有村庄叫六里桥村,如今发展成小区。故新建立交桥命名为六里桥。

1987年在兴修京石公路工程中,公路与西三环南路交会处修建该立交设施。此工程由市市政设计院设计、交通部第一公路工程总公司第五工程公司施工,1987年9月开工兴建。

该立交工程是由1座主桥、2座引桥、4座匝道桥和2座非

六里桥

机动车桥，以及4条匝道组成的机动车与非机动车分层行驶的三层互通式立交。上层和下层通行机动车，中层为非机动车桥。

主桥跨三环路，是一座4孔斜桥，斜度为64.69度。上部结构为4孔连续预应力混凝土变截面肋板梁，梁上全部铺防水层，在车行道部分铺筑沥青混凝土面层。为防止桥台背后的填土下沉而造成桥头路面不平，采用在桥面两端增设桥头搭板的做法。搭板上铺筑沥青混凝土面层，与桥面相一致。这是北京市第一次做桥头无伸缩缝试验。主桥的下部结构，3个桥墩各为两组Ж形预制的钢筋混凝土墩柱，桥台为整体斜U形混凝土重力式结构。主桥长70.45米，中间两孔的跨径各为20.35米，两边孔跨径各为11.18米。桥宽36.5米，其中分隔带宽0.5米，车行道各宽16.75米，两侧安全带各宽1.25米。

两座引桥分别位于主桥的两端。跨中层的非机动车道，两座桥结构相同，均为单孔正桥。桥面构造为先张预应力混凝土空心板梁，梁上中间设分隔带，两侧设安全带。车行道部分在梁上直接铺筑沥青混凝土面层，桥台构造为U形混凝土重力式。引桥与主桥之间为匝道的分岔口。引桥各长18米，跨径11.6米，桥宽36.5米，其中车行道和安全带的宽度与主桥相同。

4座匝道桥分设在4条匝道上，均跨中层的非机动车道，为结构相同的单孔桥，桥面构造为15块先张预应力混凝土空心板梁，钢筋混凝土桥面，车行道上铺沥青混凝土面层。桥台构造为U形混凝土重力式。桥长各为15米，跨径11米，桥宽15.16米，其中车行道宽12.66米，两侧安全带各宽1.25米。

两座非机动车桥属于中层桥，位于主桥的南北两侧，与主桥平行。两座桥的结构相同，其上部结构为4孔连续预应力混凝土变截面肋板梁，钢筋混凝土面层。桥台为斜U形混凝土重力式结构。桥墩各为一组框架形栏式预制的钢筋混凝土主墩柱。桥梁长65.25米，跨径与主桥相同，桥宽10米，其中内侧人行道（含栏杆）宽1米，外侧人行道（含栏杆）宽3米。

以上9座桥梁的设计荷载除两座非机动车桥为汽-15级外，其余7座桥梁均为汽-超20级、挂-120级。桥梁的总面积为5380平方米。该工程于1988年7月竣工通车，1989年9月通过验收，并由市市政工程管理处接管养护。

该桥于1990年6月11日及8月6日，曾先后两次被卡车撞毁栏杆共30多米，事后及时由市市政工程管理处予以修复。

莲花桥

位于海淀区莲花池东路与西三环路相交处，1993年3月开工，1994年8月通车。是北京西客站站区道路与西三环路连接的大型交通枢纽，为互通式立交。由9座道路桥、1座跨铁路桥和4座人行通道组成。主桥上的莲花池东路和南北下穿的西三环路均为三上三下6车道。

玉南桥

位于西三环中路公主坟迤北处，跨越玉南路，故命名玉南桥，是一座分离式立交桥。该桥由市市政设计院设计、市第一市政工程公司施工，于1981年1月开工。

由于三环路与玉南路斜交68.5度，故桥面呈平行四边形。桥梁为单跨简支梁结构，桥面为密排先张预应力混凝土圆孔空腹方形梁。这是北京的立交桥建设中第一次采用此种梁。共计62片梁。梁上直接浇注钢筋混凝土面层，中间为机动车道，两边为非机动车道。桥台为U形重力式混凝土基础块石砌体结构。

桥梁全长35.38米，跨径17.08米。桥宽34.2米，其中机动车道宽15米，两侧非机动车道各宽5米，各以2.5米宽的隔离带相隔，两侧人行道（含栏杆）各宽2.1米。桥梁的设计荷载为汽-20级、挂-100级。桥梁的总面积为1207平方米。

该桥1981年11月竣工。1982年4月验收后由市市政工程管理处接管养护。桥梁建成运行过程中，因跨径较小造成桥下交通不畅。

航天桥

位于海淀区西三环路与阜成路交会处，为三层下环岛形互通式立交。1993年12月开工，1994年9月通车。上层为阜成路跨越三环路，中层为三环路主路，底层为辅路环岛。设计荷载汽-20级，桥长672米，桥宽28.5米，桥梁面积共3.4万平方米，该桥使用大跨度钢筋混凝土叠合梁、大跨度后张预应力混凝土简支工字梁；该工程获1995年建设部优质工程奖。1999年4月，航天桥增设人行过街天桥设施。

航天桥

紫竹桥

位于海淀区西三环北路与紫竹院路交会处，1992年5月开工建设，同年9月通车，为两层苜蓿叶形互通式立交，紫竹院路东西上跨，三环路南北下穿。设计荷载为汽-20级，桥梁全长232.39米，桥宽47.1米，桥梁面积1.1万平方米。上部主桥为后张双向预应力变截面单箱三室连续箱梁结构，引桥为普通钢筋混凝土单箱三室连续箱梁结构。2002年8月为缓解西三环北路南北左转弯车辆拥堵，在紫竹桥西三环北路南、北内侧车道建左转定向匝道。

紫竹桥

三义庙桥

位于海淀区，由苏州桥、为公桥、万寿桥3座桥梁组成，坐落在三环路西北角转弯处，为定向型互通式立交，跨三义庙、魏公村、厂洼路3个路口，桥长1256米，桥宽28米；桥梁总面积45638平方米。在三义庙桥施工中，首次采用了防噪隔音墙装置。工程于1993年12月开工，1994年9月通车。

蓟门桥

学院路和北三环西路相交处的一座立交桥。该桥位于燕京八景之一的蓟门烟树南面，故命名为蓟门桥。

该工程由市市政设计研究院设计，市第一市政工程公司施工，于1983年3月开工兴建。蓟门桥分跨学院路和小月河，设计为两座桥梁，东桥跨越学院路东线，为单孔预应力简支组合梁桥，桥长50.38米。西桥跨越学院路西线和小月河，为两孔预应力简支组合梁桥，桥长61.90米，为互通式立交。

三环路在该处既与学院路（其南段分为土城东、西线）相交，又穿越土城和小月河，故蓟门桥设计为两座桥梁，再以4条匝道组成一整座互通式立交桥。东桥跨过学院路东线，西桥跨过学院路西线及小月河。两座桥梁之间筑路连接，避开土城遗址。

东桥为单孔预应力简支组合梁桥。上部结构为钢筋混凝土Ⅰ形组合梁，在梁上搭预制钢筋混凝土板，上面浇注钢筋混凝土面层。下部结构为U形混凝土重力式桥台。桥梁长50.38米，跨径27.26米。桥宽45.6米，其中分隔带宽1米，机动车道各宽11.5米，隔离带各宽1.5米，非机动车道各宽6米，人行道（含栏杆）各宽3.3米。

西桥为两孔预应力简支组合梁桥。西孔跨越道路，东孔跨越小月河，结构做法及布局与东桥相同。共计22片梁，梁上浇注钢筋混凝土面层。由于东孔桥下有河道，为了加强河道两岸的桥台和桥墩基础的稳定性，将桥下的这段河道做成现浇钢筋混凝土矩形断面。东桥台设于东河岸挡墙的后面，为U形混凝土重力式桥台，在西河岸的后面浇注钢筋混凝土条形桥墩基础，其上安装6根预制的钢筋混凝土方形柱，柱顶上筑一钢筋混凝土盖梁。西桥台为U形混凝土重力式结构，柱顶上筑一钢筋混凝土盖梁。桥梁长61.9米，跨路孔的跨径为24.6米，跨河孔的跨径为14.5米。

蓟门桥

桥宽45.6米，其中分隔带宽1米，机动车道各宽11.5米。隔离带各宽1.5米，非机动车道各宽6米，人行道(含栏杆)各宽3.3米。

由于该立交区范围较大，为了方便行人通过立交区和进出土城游览区，在桥的西端有两处梯道，并于干道和匝道下共建有8座人行通道。

该桥1984年11月建成通车，1985年4月验收后由市市政工程管理处接管养护。

1994年3月西北三环道路改造时，该桥桥面向南加宽至三环路规划宽度，并翻修了桥面。2003年至2004年，桥面重新加铺沥青砼面层并更换桥梁伸缩缝。

马甸桥

位于昌平路和三环路的交会处，是 1985 年 5 月建成的一座互通式立交桥。建桥时将此处原有一座跨越功德林明渠的桥梁拆除，同时将明渠改建成暗沟。由于立交桥建于马甸村的南口，故命名为马甸桥。

该桥由市市政设计研究院设计、市第二市政工程公司施工，1984 年 10 月开工兴建。该立交设施由 1 座 4 孔混凝土梁式桥和 4 条匝道组成。桥梁的上部结构为连续钢筋混凝土 T 形梁。其做法是：先以预制的钢筋混凝土 I 形梁架于墩台上，然后再支模浇注梁端横系梁及桥面板混凝土，构成 4 跨连续 T 形梁桥面体系。桥上的车行道部分直接铺筑沥青混凝土面层，桥台采用混凝土重力式 U 形结构。桥墩全部采用预制的钢筋混凝土墩柱，每排 10 架，每架墩柱上承搭两片梁。中墩的下方为条形钢筋混凝土基础。由于两边孔桥下为非机动车道，其路面高程比中间两孔跨内的机动车道高出近 1 米，在桥梁的四角外面各设一处梯道。

桥梁全长 55.7 米，中间两孔跨径均为 17.3 米，两边孔的跨径均为 10.55 米。桥宽 52.6 米，其中分隔带宽 0.4 米，机动车道各宽 15.3 米，隔离带各宽 1.5 米，非机动车道各宽 7 米，两侧的人行道（含桥栏杆）各宽 2.3 米。桥梁的设计荷载为汽 –20 级、挂 –100 级。

该桥 1985 年竣工后，发现桥面普遍漏水。为观察和分析桥面漏水现象，到 1986 年 2 月才进行验收，移交市市政工程管理处。

安华桥

鼓楼外大街跨越北三环中路的一座互通式立交桥。该立交工程是为迎接1990年第十一届亚运会而修建。在亚运工程实施方案中定该桥名为安华桥。

该工程由市市政设计研究院设计,由市第四市政工程公司施工,1988年2月开工兴建。该立交由1座4孔混凝土梁式桥和4条匝道所组成。桥梁的上部结构为简支预应力混凝土T形梁,梁上铺防水层,其上浇注钢筋混凝土面层,构成4孔简支梁连续桥面体系。下部结构中的桥台为U形混凝土重力式结构。桥墩均采用预制钢筋混凝土T形柱,每座桥墩为5个T形柱,每个T形柱上承搭8道T形梁。桥梁全长60.7米,中间两孔跨径为18.5米,两边孔的跨径为10.35米。桥梁宽48米,其中分隔带宽0.5米。

安华桥

机动车道各宽 12.25 米，隔离带各宽 1 米，非机动车道各宽 7 米，两侧人行道（含桥栏杆）各宽 3.5 米。桥梁的设计荷载为汽－20 级、挂－100 级。1988 年 9 月竣工，12 月经验收由市市政工程管理处接管养护。

安贞桥

是北三环东路跨越安定门外大街和安立路的一座立交桥。桥梁迤北为安立路，迤南为安定门外大街。该立交迤北曾是元大都城的安贞门，因而命名为安贞桥。

该工程由市市政设计研究院设计、市第二市政工程公司施工，1984 年 11 月开工。该立交为两层下环岛形分离式立交，由两座 3 孔混凝土梁式桥按纵向排列组成。两座桥梁的结构完全相同，均为连续钢筋混凝土变截面 T 形梁斜腿刚结构。每座桥有 18 道梁腹和 18 对斜腿。斜腿的基础与桥台基础筑成一整体钢筋混凝土桩基承台。桥台为钢筋混凝土轻型结构，桥台前墙两端向后与引道的钢筋混凝土挡墙板相接。桥梁长 34.5 米，中孔跨径为 17.6 米，两边孔的跨径各为 8.45 米。桥梁宽 45.1 米，其中分隔带宽 1 米，机动车道各宽 11.5 米，隔离带各宽 1.5 米，非机动车道各宽 6 米，两侧的人行道（含栏杆）各宽 3.05 米。桥梁的总面积为 3113 平方米。桥梁的设计荷载为汽－超 20 级、挂－120 级。

该桥 1985 年 6 月建成通车，9 月通过验收，由市市政工程管理处接管养护。1987 年 7 月，车行道的混凝土表面裂缝并逐步发展到桥面损坏，由市第二市政工程公司将面层按原结构予以翻修。

太阳宫桥

位于朝阳区来广营路与北三环路交会处，1993年3月开工，1994年9月通车。三环路以拉槽形式从桥下穿过，拉槽长度400米，路面面积2.6万平方米；两辅路外侧设置挡墙，长700米；拉槽上新建1号、2号道路立交桥及和平里铁路立交桥。

四环路上的立交桥

四元桥

四元桥位于朝阳区,坐落在首都机场高速公路、京顺路、四环路的交会处,1992 年 8 月开工,1993 年 9 月建成通车。该桥

四元桥

为苜蓿叶形加定向互通式立交，上层首都机场高速跨四环路，下层为四环路，设计荷载为汽-20级，由两座主桥、10座匝道桥、6座辅路桥、8座跨河桥，总计26座桥组成，桥梁总面积4.06万平方米，为当时北京市规模最大的立交桥。主桥平面为变宽异形。匝道桥由多联预应力连续箱形梁组成，最长618米，单跨最大跨径47.2米。

四惠桥

位于朝阳区东四环路与京通快速路的交会处，1994年3月开工，1995年12月建成通车。设计荷载为汽-20级，立交形式为定向互通式立交。由京通快速路跨东四环路，设有辅路循环系

四惠桥

统，整个立交区由3座跨线桥，8座匝道桥组成。桥长944.8米，宽36.3米，总面积3.6万平方米。1999年和2009年桥面重铺沥青砼。2006年12月新建通惠河北路，在四惠桥桥区通过定向匝道与东四环路和京通快速路连通。

大红门桥

位于南四环路与南苑路交会处，1999年12月开工，2000年8月建成通车。设计荷载为汽–20级，为三层互通式立交。主桥由东、西两座南苑路跨南四环路及双丰铁路桥组成。桥梁上部结构为预应力混凝土连续箱形梁及简支梁。下部结构为桩径1.2米灌注桩，主桥长366米，宽42米，桥梁总面积6954平方米。预应力混凝土盖梁，上部结构为简支预应力混凝土T形梁。

岳各庄桥

位于西四环南路，1996年6月开工，1998年4月建成通车。设计荷载为汽–20级，为定向互通式立交，下层为京港澳高速公路，上层为西四环南路。桥长110米，宽35.7米，面积3356平方米。

定慧桥

位于西四环中路,2007 年 2 月开工,2008 年 7 月建成通车。设计荷载为汽 –20 级,为定向互通式立交,下层为西四环中路,上层为阜石路。由主线桥 1 座、匝道桥 5 座、跨河桥 7 座、通道桥两座组成,主桥长 157.4 米,宽 35.2 米,面积 5540 平方米。

万泉河桥

位于北四环路与万泉河路交会处,2000 年 3 月开工,同年 12 月建成通车。设计荷载为汽 –20 级,为分离式立交,由万泉河主桥和 3 座匝道桥、3 座通道桥、1 座跨河桥组成,主桥长 264 米,宽 30.7 米,桥梁总面积 1.3 万平方米。首次使用国外磨裂纤维沥青混凝土技术。

万泉河桥

健翔桥

北四环西路跨过昌平路的一座两层互通式立交桥，在1988年兴建北四环道路的工程中修建。该桥位于元代大都城健德门外，取其健字命名为健翔桥。

该工程由市市政设计研究院设计、市第一市政工程公司施工，1988年8月开工兴建。

立交桥的西端原有一座跨于小月河上的北极寺桥，为修建立交桥而拆除，并将此段河道改建成暗沟，桥头引道及匝道建于其上。

该立交设施由1座6孔混凝土梁式桥和4条匝道所组成。由于昌平路与四环路非垂直相交，故将桥梁建为斜桥。桥梁的上部

健翔桥

结构为简支预应力混凝土 T 形梁连续桥面体系。每孔 48 片预制后张预应力混凝土 T 形梁，各以 24 片梁用湿接法联结成一整体，形成南北两部分。梁上各按半幅浇注连续钢筋混凝土桥面。车行道上铺筑沥青混凝土面层。桥梁的下部结构采用预制钢筋混凝土 T 形柱组成桥墩。桥台为斜 U 形混凝土 T 形柱组成桥墩。桥台为斜 U 形混凝土重力式结构。

桥梁全长 111.6 米，各孔跨径均为 18 米。桥梁宽 55 米，其中分隔带宽 2 米，机动车道各宽 16 米，隔离带各宽 1.5 米，非机动车道各宽 7 米，两侧的人行道（含栏杆）各宽 2 米。桥梁的设计荷载为汽－超 20 级、挂－120 级。

该桥于 1989 年 11 月建成通车，1990 年 5 月通过验收后由市市政工程管理处接管养护。

北辰桥（北中轴路桥）

位于朝阳区北四环路与北辰路的交会处，2000 年 5 月开工，同年 9 月建成通车。设计荷载为汽－20 级，为两层互通式立交，由 3 座主桥及 4 座通道桥组成，1 号、3 号主路跨线桥长 72 米，宽 17.7 米，面积 1274.4 平方米。2 号主桥为非机动车跨线桥，长 72 米，宽 17 米，面积 1224 平方米。2008 年北京奥运会前将该桥加固，并重铺沥青桥面。

安慧桥

位于北四环路和安立路的交会处,是一座快慢车分行三层互通式道路立交,是为迎接 1990 年第十一届亚运会所兴建的重点工程之一。

该工程由市市政设计院设计、市第一市政工程公司施工,1987 年 9 月开工。该立交由 1 座主桥、16 座匝道桥、两座通道桥和 8 条匝道所组成,平面部局呈菱形。跨越四环路上的主桥为立交中心,周围是对称分布在匝道上的 16 座小桥。另外两座通道桥为非机动车和行人在立交区内穿过四环路而设。

主桥是一座 7 孔混凝土梁式桥,上部结构为一联 7 孔连续预应力混凝土变截面箱形梁,全桥两道箱形梁。梁上铺抹一层加胶水泥砂浆防水层,上面浇注钢筋混凝土面层。下部结构中的两个桥台各以 12 根钢筋混凝土灌注桩为基础,桩上筑 U 形混凝土重力式台身。6 个桥墩各以一对低桩承台为基础,承台上各安装 1 个预制钢筋混凝土 H 形墩柱,每个承台下有 6 根钢筋混凝土灌注桩。每个墩柱上支承一道箱形梁。

主桥全长 203.72 米。中孔跨径 40 米,两边孔跨径各 20 米,其他 4 孔的跨径均为 30 米。桥宽 28.5 米,其中隔离带宽 2 米,上下行车道各宽 12.25 米,两侧安全带各宽 1 米。桥梁面积 5806 平方米。

16 座匝道桥中有 8 座为单孔斜桥,有 8 座是单孔弯桥。

8 座斜桥的主体结构完全相同,但斜向相反(每四座桥为一方向），即1号、2号和5号、6号桥的斜形方向相同，3号、4号和7号、8号桥的斜形方向相同。桥面结构均为整体浇注钢筋混凝土T形梁，梁上直接浇注钢筋混凝土面层。桥台均为斜U形混凝土重力式结构。桥梁跨径均为15.42米。1号～4号桥桥长各为20.7米，5号～8号桥桥长各为20.4米。桥宽均为9米，其中机动车道宽7米，两侧安全带各宽1米。8座斜桥总面积1490平方米。

8座弯桥的结构完全相同，上部结构为整体浇注的钢筋混凝土宽腹T形弯梁，梁上直接浇注钢筋混凝土面层。桥台均为混凝土重力式结构。弯桥的跨径均为12.3米。桥宽为9.5米，其中车行道宽7.5米，两侧安全带各宽1米。1号～4号桥桥长各30.9米，5号～8号桥桥长各36.7米。8座弯桥总面积3176平方米。

位于主桥两侧属于四环北路上的两座通道桥，都是正桥，结构和尺寸完全相同。桥面结构均为单孔预应力混凝土空心板梁，在机动车道部位的桥梁上浇注钢筋混凝土面层。机动车道以外在板梁上安装预制钢筋混凝土边缘悬臂板。桥面边缘的高度与桥头道路的缘石相同并接顺。桥台为混凝土轻型直墙式结构。桥梁跨径均为11米。桥长为13.3米，桥宽39.2米，其中隔离带宽2米，上下行机动车道各宽17.6米，边缘上面各宽1米。边缘以外另有悬臂板各宽1.35米，包括悬臂板总宽度为41.9米。两座通道桥总面积1043平方米。

以上19座桥梁的总面积11515平方米。桥梁的设计荷载除四环路上的两座通道桥为汽－超20级、挂－120级外，其余17

座桥梁均为汽–20级、挂–100级。

各条匝道均属高填土做法,都是采用预制钢筋混凝土直立式挡墙板安装于匝道两侧,中间填土压实。上面铺筑沥青混凝土路面。

该立交的主桥是当时本市预应力混凝土连续结构段最长的一座桥梁,在设计、施工中均采用一些新工艺、新技术。其中有:第一次采用长200米以上的预应力钢筋;首次应用预应力钢筋联结器和梁体内采用分段多层次施以预加应力技术,施工单位还研究编制了一套预应力钢筋张拉顺序计算机软件用于张拉工艺;在主桥挡板作业中引进了新型钢支架等。另外,在施工全过程中实行施工、设计、养护三结合的施工管理,共同实施技术和质量专业管理,以提高设施整体水平。该桥于1988年12月竣工,1989年4月通过验收,由市市政工程管理处接管养护。

五环路上的立交桥

远通桥

位于五环路高碑店，跨越京通快速路和地铁八通线，为半苜蓿叶形加定向匝道互通式立交。设计荷载汽－超20级，桥梁总长为1378.04米，桥面双向6车道加紧急停车带，桥下净高5米。上部结构由钢箱形梁、钢筋砼箱形梁和砼T形梁组成，共计42孔，

远通桥

其中3跨为钢箱形梁、9跨为钢筋砼箱形梁、30孔为钢筋砼T形梁。下部结构为钢筋砼肋板式桥台,双柱式桥墩,基础为钻孔灌注桩。2001年12月开工,2002年10月建成。

五方桥

位于五环路王四营乡,跨越京哈高速,为半苜蓿叶形加定向匝道互通式立交。设计荷载汽－超20级,桥梁总长155.2米,

五方桥

桥面双向4车道加紧急停车带，桥下净高5米。桥梁上部结构采用预应力砼箱形梁，共5跨，路径为2孔20米、2孔30米、1孔45米。下部结构采用钢筋砼双柱式桥墩和埋置式桥台。1998年7月开工，1999年9月建成。

来广营桥

位于朝阳区来广营乡，是五环路跨越京承高速和城铁13号线定向互通式立交，下层为京承高速和城铁13号线，上层为五环路。2000年开工，2002年10月建成。设计荷载为汽-超20级，桥梁总长1334.5米，桥面双向6车道加紧急停车带，桥面沥青混凝土铺装，桥下净高5~7米。上部结构为预应力砼T形梁和预应力砼空心板梁，下部结构为钢筋混凝土肋板式桥台，双柱盖梁式桥墩和钢箱门式桥墩，钻孔桩基础。

上清桥

位于京藏高速，跨越五环路为定向互通式立交。1996年3月开工，同年12月建成。设计荷载汽超-20级，桥梁全长139米，桥面双向6车道加紧急停车带，桥下净高5米，桥面为沥青混凝土铺装。主桥结构形式为连续箱形梁，U形桥台基础，单柱式桥墩，钻孔桩基础。

六环路上的立交桥

马驹桥

位于六环路马驹桥镇,跨越京沪高速公路,为苜蓿叶形互通式立交。设计荷载为汽-超20级,桥长86.88米,桥面双向6车道加紧急停车带,桥下净高5米,主桥结构形式为箱形梁。桥跨组合为2孔15.4米加2孔20米。下部结构为重力式桥台,多柱式桥墩,基础为钻孔灌注桩。1991年京津塘高速公路通车时已建内环半幅通车。1999年5月外环半幅开工,2000年5月建成。

百葛桥

位于北六环路与京藏高速相交处,为定向互通式立交。2004

年3月开工，2006年12月建成通车，设计荷载汽–超20级，桥梁总长134.9米，桥面双向6车道加紧急停车带，桥面为沥青混凝土铺装，桥下净高5米。上部结构为预应力砼简支梁，下部结构为钢筋混凝土U形桥台，双柱式桥墩。

酸枣岭桥

位于六环路酸枣岭，跨越京承高速，为苜蓿叶形互通式立交。2002年4月开工，同年8月竣工。设计荷载为汽–超20级，桥长282.28米，桥面双向6车道加紧急停车带，桥下净高5米。上部结构为砼T形梁，桥跨组合为11孔，每孔25米。下部结构为钢筋混凝土肋板式桥台，双柱式桥墩，基础均为钻孔灌注桩。

六环路通州段

跨铁路桥及天桥

跨铁路桥、人行过街天桥（简称天桥）均属城市道路交通工程中的立体构筑物，是现代城市发展的重要市政基础设施，它们为保证城市道路交通畅通和行人过街安全发挥着重要作用。

北京的天桥历史悠久，古代即有多种形式的天桥。第一座人行过街天桥是1982年西单商场门前的天桥，到1990年，全市已建成天桥32座。天桥的形式主要为梁式桥，按主体结构分主要有钢桥、钢筋混凝土桥和组合结构三种。

跨铁路桥

跨铁路桥，是道路跨越铁路之上的桥梁（简称跨线桥），北京市修建的第一座跨线桥是1959年为解决永南路工程中大红门村西与南环铁路平交道口交通严重受阻而修建的南苑路跨线桥。到1990年共修建跨线桥5座，均为钢筋混凝土桥，结构形式有梁式桥和钢构型两种。

20世纪80年代，铁路局管内公铁立交桥建设加快，至1990年，北京地区建有东便门立交桥，木樨园立交桥，蒲黄榆立交桥，京哈公路北刘路、京津高速公路草家坟立交桥，京开路玉泉营立交桥，丰台四环路立交桥等公铁立交桥57座。

1991年，铁路局完成京津三线立交桥工程落垡两座立交桥建设，豆张庄、杨村两座立交桥于年底顶进就位。1992年，铁路局配合北京市建成广安门、机场路、成寿寺、和平里等9座立交桥；其中广宁路立交桥技术方案复杂、时间要求紧迫，该桥穿越三家店机务折返段方案更为复杂，经多次研究，最后确定京门线修建便线，折返段及丰沙线采用顶进以解决立交问题，并临时封闭三家店机务折返段部分线路，对丰沙线路基进行加固处理，保证施工运输畅通；工程于1992年2月开工。1993年8月，广宁路立交桥竣工；同年，铁路局配合北京市实施京石高速公路立交桥工程，该桥位于京广线33273米处，为17.75米—2.8米—17.75米的三孔立交桥；工程于1993年2月开工，7月竣工。1994年，北京市实施西北三环道路改造工程，铁路局承担和平里、大钟寺公铁立交桥改线工程，4月开工，6月竣工。

1995年，东北旺立交桥竣工，桥址位于京包线23086.75米处，公路铁路交角50度，9米—17.1米—9米的3孔框架结构，净高5.5米，投影面积1418平方米，顶程35.9米。同年4月，大灰厂东路立交桥开工建设，桥址位于京广线7公里748米处，公路铁路交角60度，6米—8米—8米—6米4孔框架结构，净高5米，主桥顶程26.35米，投影面积578.6平方米；专用线桥顶程27.89米，投影面积841.9平方米，12月底竣工。同年，杜家坎立交桥顶进完成，该桥位于丰台长辛店站间京广线7748米处平交道口，与京广线、二七厂、首钢二构专用线等平面交叉，交通事故险情频频发生；为此，决定将其改为两座6米—8米—8米—6米框构立交桥，1座穿越京广线，1座穿越专用线；顶程分别为32.54米和29.54米；工程于1995年6月2日开工，12月20日，顶进工程完成。1996年，西长线开通运营，线路由北京西站引出后，跨西三环路、万寿路、西四环路、永定路、玉泉路、八宝山南路等主要城市道路，建有多座公铁立交桥。1998年，铁路局配合北京市实施东四环立交桥工程，10月7日顶进就位；年内，配合北京市市政建设，先后开工修建永定门立交、天坛南门立交合龙工程、广安门立交桥四孔下跨柳西线及四环路丰台公铁立交收尾工程等。1992年，修建广安门、和平里货场、机场高速公路东北环线、成寿寺路、广宁路、京广线杜家坎、京石四期窦店、京山线魏善庄、清河开发区、马家堡等立交桥19处24座。

1999年，京沈高速公路辅路下穿百子湾站南咽喉新建10米1孔和14米1孔两座公铁立交桥，工程于9月10日竣工，确保京沈高速公路10月1日全线开通。2000年，为规范和强化路外立交桥及管线过轨工程建设管理，维护铁路行业标准，保证铁路运输安全，根据《中华人民共和国铁路法》《中华人民共和国公路法》《铁路技术管理规程》等有关法律、法规，制定印发铁路局路外立交桥及管线过轨工程管理办法；同年9月，西四环立交桥工程开工，桥址位于五路站内，规模为14米—17.5米—17.5米—14米的4孔钢筋混凝土框架桥；11月10日竣工，为四环路开通创造条件。

2001年，铁路局进一步明确路外立交桥及管线过轨项目管理申请和审批程序、设计单位资质、设计文件鉴定办法、施工及监理单位资质、竣工验收和固定资产移交手续等，提高铁路局路外立交桥及管线过轨工程建设管理水平。同年，铁路局完成框架桥、上跨桥21项，其中城铁黄平东侧路立交桥位于东北环线57528米处，为17米1孔框架桥，与铁路交角为37度41分15秒，是顶桥史上角度最小的一个；广渠门立交桥地处北京站东咽喉，北京市两广路东端铁路曲线半径小且角度不同，在线路施工设计审查中重点予以审核，加强措施、确保顶进安全和进度，开创新桥顶旧桥先例。

2002年，完成顶进和架设立交桥21座，其中五环路钢筋梁位于双桥站内咽喉处，跨越双桥站 5 股线路，并有接触网，施工难度大、技术要求高，工程于 3 月开工、11 月竣工；京包线 25511 米立交桥工程为 8.5 米—17 米—8.5 米 3 孔框构立交桥，投影面积 652 平方米，4 月开工、7 月竣工；房山支线 7251 米立交桥工程为京周公路下穿铁路立交桥，1 孔 14 米、投影面积 242 平方米，7 月开工、10 月竣工。2003 年，完成顶进和架设立交桥 21 座，其中石景山南站高架桥主桥为 45 米—65 米—95 米—40 米的 4 跨连续独塔单索面预应力混凝土斜拉桥，桥长 245 米，全桥设斜拉索 6 组，采用塔梁墩固结体系，桥主墩采用混凝土双薄壁墩，转体完成后与承台固结，形成塔、梁、墩固结斜拉体系，由于该桥位于北京市西南五环快速路上，上跨石景山南站编组站西咽喉地区，跨越线路多，周围地形复杂，为不影响正常行车，采用转体斜拉桥工艺，取得很好效果。

2004 年，铁路局对南水北调中线工程北京段、天津段、河北段下穿铁路建筑物工程，北京奥运会工程配套道路下穿铁路立交桥、北京市六环路、京承高速公路及城市主干道跨穿铁路立交桥，京津高速公路跨穿铁路立交桥等 8 条高速公路跨穿铁路立交桥建设方案进行论证审查；年内，完成京山线 83 公里、京广线 25 公里、京包线 40 公里及六环路下穿铁路立交桥，西北环线 24 公里六环路立交桥以及北京南中轴路跨铁路等 12 项立交桥；其中中轴路下穿式顶进立交桥于 3 月 16 日开工、7 月 31 日竣工，该桥位于京山线 9006 米，桥上有 4 股线路、两组道岔，结构形式 17.5 米—20 米—20 米—17.5 米的 4 孔框架桥，交角 80 度

16分26秒，全高7.9米，全宽82.383米，顶移43.6米，自重19200吨，最大顶力27000吨；右外大街下穿式顶进立交桥6月开工，12月31日竣工，该桥位于京山线12407.8米处，结构形式10米—12.5米—12.5米—10米的4孔框架桥，交角78度12分，全高9.3米，净高7.5米，顶移46.5米，最大顶力16270吨。

2005年，铁路局对北京2008年奥运会工程配套道路下穿铁路工程、京津冀地区道路、快速路、高速公路跨穿铁路立交桥工程设计方案及施工图设计文件进行论证、审查，其中包括34座公铁立交桥设计方案和33座公铁立交桥的施工图设计。年内，铁路局实施京沪线管内电气化改造和双层集装箱运输改造工程，对京开高速公路立交桥进行换梁和抬梁施工，采用160吨汽车吊拆除旧梁，将桥墩进行加高施工，待混凝土强度达到要求后，再用160吨汽车吊将新梁吊装就位。2006年，铁路局组织召开路外立交桥工程设计审查会108次，其中审查公铁立交桥方案设计72座，审查施工图设计65座；年内，原设计小马厂立交桥，手帕口1号、2号立交桥，三路居立交桥，六圈路立交桥等工程全部纳入北京枢纽西黄线增建二线工程。

2008年，铁路局配合对北京怀柔区京加路、北京沙杨路、西外大街西延、朝阳北路东延、房山区长周路、京包高速公路、京平高速公路等48处高速公路及城市道路跨穿铁路立交桥设计方案及施工图设计文件进行审查。2009年，铁路局完成路外立交桥方案审查66项，施工图设计审查57次，竣工29项。2010年，铁路局组织研究地铁、立交桥和管线穿越高速铁路设计方案，其中涉及京沪高铁3项、京津城际4项。

南苑路跨线桥

1959年修建的南苑路上跨过南环铁路的一座桥梁。1953年新建永南路工程，北起木樨园，经大红门村西与南环铁路平交，南至南苑三营门。至1958年该路交通运输量大增，致使道路与铁路的平交路口处交通受阻严重。为改善此铁路道口的交通状况，决定修一座跨铁路桥，当时取名大红门跨线桥，后随路名改为南苑路跨线桥。

该工程由市市政工程设计院设计。该院曾提出两个方案：一是修建一座下穿铁路的钢筋混凝土箱形涵洞；二是修建一座跨于铁路之上的混凝土桥梁。后经市规划管理局组织设计院和道路工程公司等单位研讨，决定采取第二个方案。同时决定在永定门外京山铁路跨永定门外大街钢桥的西侧，顶进一座单孔小型钢筋混凝土箱形涵洞（属铁路桥）。该工程由市第二道路工程公司施工，北京铁路局配合，1959年开工。

该工程为了尽量降低桥面高度和桥头路的坡度，桥梁的主体结构采用单孔门式钢筋混凝土刚构坦拱构造（此种结构形式在北京市属第一次采用）。由于桥梁工程是在不影响铁路运行的情况下施工，将桥梁基础分设在铁路的两旁，采取扩大的钢筋混凝土板块浅基础。桥洞口两侧筑混凝土重力式直挡墙。桥面是在拱背上铺筑沥青混凝土面层与引道路面相接。桥上两侧设人行道及钢筋混凝土桥栏杆，并为桥梁养护人员设置 4 个安全台。桥梁净跨径 12 米，桥长 29.2 米。桥宽 24.5 米，其中车行道宽 21 米，两侧人行道（含栏杆）各宽 1.75 米。桥梁面积 715 平方米。桥梁的设计荷载为汽 -18 级、拖 -80 级。桥头引道采取高填土做法，路面全部为沥青混凝土面层，限制最大坡度为 4.5%，以适应当时人力车辆运输的需要。

该工程于 1959 年 11 月竣工，12 月通过验收后由市道路工程管理处接管养护。

京原一号跨线桥

京原路上的一座跨铁路桥，是 1965 年修建京原路北京段工程中所建的一座跨过丰沙线铁路的 4 孔钢筋混凝土梁式桥。当时的工程名称是 108 国道北京至原平段一期工程兴建京原一号跨线桥工程，故命名为京原一号跨线桥（1980 年，在北京城市桥梁中又改称京原三号桥）。

京原路工程由交通部第二公路勘察设计院设计，北京段（包括该桥）由交通部第一公路工程局施工。该桥跨度按桥下双线铁路设计。考虑施工必须在火车正常运行的条件下进行，因而桥梁上部结构采取预制安装先张预应力钢筋混凝土空腹矩形梁的做法（4 孔每孔 12 根梁），梁与梁之间留有铰接槽，安装后注混凝土于槽内，以联结成整体桥面结构。由于道路与铁路为斜交，故桥梁也相应建成斜桥。在车行道部分的梁上直接铺筑沥青混凝土面层，两侧设人行道和桥栏杆。桥台和桥墩各以浅埋钢筋混凝土地基梁为基础，上面各浇注4根钢筋混凝土圆形墩柱，柱顶注钢筋混凝土盖梁。桥台的圆柱后面和两侧砌块石重力式斜U形挡墙。桥台前（在边孔内）和翼墙外侧砌块石护坡。桥梁引道为高填土路堤。桥梁全长83米，桥面长72.6米。两边孔跨径14.1米，中间两孔跨径各22.2米。桥宽12米，其中车行道9米，两侧人行道（含栏杆）各宽1.5米。该桥于1965年12月竣工，1969年年底，交由市市政工程管理处纳入养护范围。

京原二号跨线桥

京原路上跨过101工程专线铁路的一座桥梁，是1969年为配合101工程专线铁路工程所修建。桥梁位于衙门口村以北，施工时的工程名称为101工程新建衙门口跨线桥工程。竣工后，由于该桥迤西已建成京原一号跨线桥，故取桥名为京原二号跨线桥。

桥梁工程由市市政工程设计院设计，根据铁路部门的要求，跨线桥按桥下通过双线铁路设定跨径，并要求桥梁与铁路同时施工、同时建成通车。为此该工程实行边设计、边施工和设计、施工、养护三结合现场工作方法。施工单位是市第二市政工程公司，1969年11月1日开工，月底建成通车。

该桥为单孔，桥面构造为12块预制钢筋混凝土空心板梁，板梁之间设钢板焊接联结。车行道部分铺沥青混凝土面层，两侧设人行道和桥栏杆。桥台和翼墙为U形重力式块石砌体结构和浅埋现浇混凝土基础。现浇钢筋混凝土台帽和雉墙，台帽上铺8层油毡为支承点。翼墙外做干砌块石锥形护坡。桥梁引道为高填土路堤，面宽12米，沥青混凝土路面宽10米。

桥长27米，跨径21米。桥宽12.1米，其中车行道宽9.5米，两侧人行道（含栏杆）各宽1.3米。桥梁设计荷载为汽–20级、挂–100级。

桥梁建成后由市市政工程管理处接管。

1979年3月21日，由于超高载货的火车将桥面的北边第一、第二、第三块板梁撞坏，桥面沥青混凝土面层开裂。经检查，以上3块板梁底面被擦损，板梁上面出现横向裂缝，板梁之间的接点脱开。经恢复焊接点以后，用6.5吨的汽车进行活荷载试验，板梁上的焊接点仍可脱开，遂于同月29日进行加活载测试。经测试和验算后，决定将桥面加固。加固方法是拆除全部旧沥青混凝土面层，在原板梁上浇注一层10厘米厚的钢筋混凝土，上面仍铺筑沥青混凝土面层。同年5月再次进行测试，加固后的桥梁承载能力达到汽–15级、挂–80级的等级标准。

南平庄跨线桥

杏石口路跨越西郊飞机场专用铁路线的一座跨线桥，1969年年底与修建铁路同时修建。由于桥梁位于南平庄村北，建成后依此命名为南平庄跨线桥。

该工程由市市政工程设计院设计。桥下铁路为单线，桥梁跨径较小，为保证与铁道工程同时完成，确定桥梁主体为单孔块石桥台和钢筋混凝土板梁结构。此工程由市第二市政工程公司施工，1969年11月开工，12月20日建成通车。

桥梁长23.8米，跨径7.6米。桥宽12米，其中车行道宽9米，两侧人行道（含桥栏杆）各宽1.5米。桥面构造为12块预制钢筋混凝土空心板梁，板梁之间以钢板焊接点相联结。梁上浇注钢筋网混凝土桥面，在车行道部分的桥面上又铺筑沥青混凝土面层，两侧设人行道和钢筋混凝土桥栏杆。桥台和翼墙为U形重力式块石砌体，下面做浅埋混凝土板块基础，桥台上浇注钢筋混凝土台口和雉墙。台口上铺8层油毡为支承点。翼墙的外侧做干砌块石锥形护坡。桥梁的设计荷载为汽-20级、挂-100级。桥梁的引道为高填土路堤，上面宽12米，沥青混凝土路面宽9米。

该工程是边设计、边施工的工程，施工中采用了施工、设计、养护三结合的管理工作方法，桥梁建成后随即由市市政工程管理处接管养护。

赵辛店跨线桥

周口店路上跨过京广铁路的一座3孔混凝土梁式桥。当时工程名称为赵辛店跨线桥工程，故竣工后沿用赵辛店跨线桥桥名。

该工程由市市政工程设计院设计，根据施工中不能影响火车的正常运行和不能扰动铁路路基的要求，又要适应当时的构件吊装技术条件，确定该桥设计方案为一座3孔以预制钢筋混凝土构件为主的梁式桥。该工程由市第二市政工程公司施工，1969年6月开工，1970年4月建成。

因京周路（今周口店路）与铁路斜交54度，故将桥梁也相应建成斜桥。桥梁的上部结构，两边孔各为预制单悬臂钢筋混凝土变截面T形梁，每孔9根梁。中孔置9根钢筋混凝土T形挂梁于悬臂梁端上。各道T形梁之间以钢板焊接点相连。在梁上按梁长分3段浇注钢筋网混凝土桥面面层，构成全桥上部结构体系，桥面两边设人行道及桥栏杆，人行道下敷设电缆管道。桥墩和桥台各为4根钢筋混凝土圆形柱，柱上注有钢筋混凝土盖梁，柱底为钢筋混凝土条形基础。在桥墩盖梁上每道梁腹下各安装一套钢板弧面固定支座，桥台上均为钢板弧面滑动支座。桥台圆柱的后面和两侧砌U形块石挡墙。在桥台前和翼墙外干砌块石护坡。桥梁设计荷载为汽-20级、挂-100级。

桥梁全长56米，桥面长48米。中孔跨越铁路上，跨径21米，两边孔跨径13.5米。桥宽14.5米，其中车行道宽12米，两侧人行道（含栏杆）各宽1.25米。桥梁面积783平方米。工程竣工后未经正式验收，由市市政工程管理处接管养护。

该桥原设计未考虑抗地震因素，在1975年5月，按抗地震烈度8度予以加固。加固方法是在桥台前加设钢筋混凝土斜戗柱，以防桥台前倾。在桥墩上每道梁腹的两侧各加一个钢筋混凝土抗震挡，以防落梁。加固工程由市市政工程管理处设计并施工。

人行过街天桥

1990年后，部分天桥在道路改扩建中被拆除，或改为地下通道，如动物园东、西人行过街天桥，崇文门人行过街天桥，花市西人行过街天桥已改为地下通道。2008年，西单路口北新建人行过街天桥1座，跨径25米，长约26米，宽5米，两侧引桥15米，桥两侧装有8部上行扶梯，并与两侧商场相连通。2008年北京奥运会前对琉璃厂（南新华街）人行过街天桥进行整修，安装电梯。2010年，三环路内人行过街天桥有188座。

西单商场天桥

20世纪80年代初北京市修建的第一座人行过街天桥，跨越西单北大街，因修在西单商场门前，因而称为西单商场天桥。

该天桥为一孔桥，跨径20米，全桥长21.07米，净宽4米，面积84.28平方米。该桥设有4座桥梯，东南角为回转式，其他3座为直跑式。

该天桥上部结构为简支箱形钢梁；下部结构为钢制T形墩柱，基础是混凝土；桥梯为钢筋混凝土结构；桥面及踏步均铺装塑胶面层。

该天桥系市市政工程研究所设计，市第四市政工程公司施工，1982年6月竣工。

动物园东、西天桥

为了解决动物园地区行人与车辆互相干扰的矛盾，保证交通安全、畅通，在北京动物园大门外东、西两侧各建了人行天桥一座。两座天桥均跨越西直门外大街。东侧通称"动物园东桥"，西侧通称为"动物园西桥"。与两座天桥同时施工修建的还有穿越电车总站进出口处东、西向的动物园人行通道，合称为"两桥一洞"工程。

动物园东天桥为一孔桥，跨径24米。桥长31.4米，桥面净宽4米，面积125.6平方米。中孔净高5米。两端各设两座对称直跑桥梯，桥梯宽3.2米，长近15米。

动物园西天桥也为一孔桥，跨径24.2米，桥长37.6米，桥面宽5米，面积188平方米。桥下中孔净高5.14米。北端有两座对称直跑桥梯，净宽6.2米，长近15米。南端有两座对称回转式桥梯，净宽3.20米，长19.6米。两座人行天桥上部结构与下部结构相同。主梁是钢结构，为简支钢I形组合梁。下部结构为钢筋混凝土Y形柱，现浇混凝土基础。桥梯为钢筋混凝土结构，桥面及踏步均铺装塑胶面层，全桥装有钢栏杆。

两座人行天桥由市市政工程研究所设计、市第四市政工程公司施工，1984年10月竣工。

东单北天桥

东单路口是 4 条主要街道交会处，交通繁杂，行人众多，为避免车、人互相干扰，保证行人过街安全，在跨越东单北大街南端修建人行天桥一座，通称东单北天桥。

该天桥为单孔钢结构人行天桥，构造形式为两架斜腿刚构仰角悬臂梁，中间架挂梁，跨中高起，两端降低与梯道连接。跨径 16.9 米，桥面净宽 3.8 米，桥梁总面积 116.28 平方米，桥下跨中净高 5 米。

基础采用钢筋混凝土浅埋基础，支承上部结构的桥台采用钢制箱形断面斜腿，其上以刚性节点与斜坡式悬臂梁联结构成类似 T 形结构体。斜腿下部制成靴形与基础上的预埋钢板焊接，挂梁为箱形简支梁。桥面因两端纵坡较大，故加设踏步。桥两端各有两座梯道，均为钢结构。桥面及踏步铺装采用塑胶面层，全桥设有钢制竖棱式栏杆。

东单北天桥由市市政工程研究所设计、市市政工程机械公司施工，1984 年 9 月竣工。

新街口西天桥

为改善新街口路口车辆与行人互相干扰的状况，保证交通安全畅通，修建了新街口西天桥。该天桥位于新街口路口以西，跨越西直门内大街，为一孔梁式桥。

该桥跨径15.1米，全桥长17.7米，桥面净宽3.5米，桥面面积61.95平方米，桥下净高5.1米，桥梯宽2.2米。该桥是钢梁和混凝土结构，主梁由三根钢制Ⅰ形梁组成，桥面为钢筋混凝土板，与主梁组合成叠合梁。下部结构，桥墩为钢制V形墩，基础为现浇混凝土，墩的上部为自由端，下部锚固混凝土之中，桥梯为槽钢与钢板组成的矩形梁，踏步为钢筋混凝土板。全桥呈四色，黑扶手、白栏杆、豆绿色主梁和桥梯、绿灰色桥墩及踏步，较为美观。

新街口西天桥由市市政工程设计所设计、市第一市政工程公司施工，1985年12月竣工。

南新华街（琉璃厂）天桥

位于宣武区和平门外琉璃厂十字交叉路口南侧，所以也称琉璃厂天桥。南新华街是城区主要道路，客流量、车流量都较大，琉璃厂又是北京的一个古文化旅游景点，每天都有许多国际友人和国内游客来往于东、西琉璃厂。为解决行人过街安全及交通通畅问题，修建该人行天桥。

该桥为一孔桥，跨径18.2米，全桥长20.22米，净高4.5米，桥面净宽2.8米，面积56.62平方米，桥梯净宽2.1米，石护栏。

该天桥上部结构为简支钢Ⅰ形组合梁，下部结构为现浇钢筋混凝土墩柱及基础，现浇钢筋混凝土桥梯。浇注用的模板以钢模为主，辅以木模，栏板采用石料加工。桥面及梯道均铺设塑胶面层。

为与周围环境相协调,对桥体作了古典修饰:桥上部采用青白石望柱、栏板,整个桥体呈淡灰色,主桥墩上各镶有一组绿色琉璃花饰。

南新华街天桥由市建筑设计院设计、市市政工程机械公司施工,1988年10月竣工。

刘家窑北天桥

刘家窑立交桥建成后,改善了该地区交通状况。为保证行人安全通过蒲黄榆路,在该地区兴建了3座人行天桥。刘家窑北天桥为其中一座,因位于刘家窑立交桥北,故称刘家窑北天桥。

刘家窑北天桥为三孔桥,跨径分别为8.5米、26米和8.5米。全桥长48米,桥面净宽3米,面积144平方米,主跨下净高4.5米,桥梯净宽2.5米。4座桥梯各长7.6米。

该天桥上部结构为简支钢筋混凝土倒T形梁,下部结构为钢筋混凝土T形墩柱,现浇混凝土墩基。梯道结构为钢筋混凝土,桥面及踏步均铺装釉面砖。

刘家窑北天桥由市市政工程设计所设计、市市政工程机械公司施工,1988年11月竣工。

蒲安里天桥

刘家窑立交桥地区修建的3座天桥之一,跨越蒲黄榆路,因靠近蒲安里东口而得名。

该天桥为三孔桥，跨径分别为 8.5 米、26 米、8.5 米，全桥长 48 米，桥面净宽 3 米，面积 144 平方米，主跨净高 4.5 米，桥梯宽 2.5 米。该桥上部结构为倒 T 形梁，中间跨搭预制混凝土板，两边跨为现浇混凝土桥面板，下部结构为 T 形混凝土墩柱和墩基组成，东侧主墩基础因有热力方涵未做，故选用桩基、T 形墩柱。中跨桥面板、桥梯、装饰板均为预制构件，边跨桥面板为现浇混凝土。桥面及梯道踏步铺装釉面砖。

蒲安里天桥系市市政工程设计所设计、市市政机械公司施工，1988 年 11 月竣工。

后 记

  为了全面反映北京文化的各个方面，2017年8月，《北京的桥》确定为《京华通览》丛书的一个分册启动编纂。本书以第一轮《北京志·市政卷·道桥志》内容为基础，参阅《北京志·建设志》《北京志·交通志》等相关志书的资料编辑而成。

  该书为资料性图书，一些桥梁所承载的历史事件和传说未做记述。也正是因为资料所限，桥梁记述的文字详略不一，尤其是五环路、六环路上的桥梁记述较少，是一个遗憾。

  书中所使用的图片除了编者拍摄外，均来源于志书，在此向有关图片收集单位表示衷心感谢。北京出版社史志部白珍编辑为此书的文字及桥梁编排顺序花费了很多心思，一并表示感谢。

  由于资料缺失及编者水平造成的遗漏或错误，敬请读者谅解。

2018年2月